Jário Araujo

Comandos do Linux
Uso eficiente e avançado

Comandos do Linux — Uso eficiente e avançado
Copyright© 2001 Editora Ciência Moderna Ltda.

Todos os direitos para a língua portuguesa reservados pela EDITORA CIÊNCIA MODERNA LTDA.

Nenhuma parte deste livro poderá ser reproduzida, transmitida e gravada, por qualquer meio eletrônico, mecânico, por fotocópia e outros, sem a prévia autorização, por escrito, da Editora.

Editor: Paulo André P. Marques

Supervisão Editorial: Carlos Augusto L. Almeida

Produção Editorial: Friedrich Gustav Schmid Junior

Capa e Layout: Renato Martins

Diagramação: Érika Loroza

Revisão: Carmem Mittoso Guerra

Assistente Editorial: Daniele M. Oliveira

Várias Marcas Registradas aparecem no decorrer deste livro. Mais do que simplesmente listar esses nomes e informar quem possui seus direitos de exploração, ou ainda imprimir os logotipos das mesmas, o editor declara estar utilizando tais nomes apenas para fins editoriais, em benefício exclusivo do dono da Marca Registrada, sem intenção de infringir as regras de sua utilização.

FICHA CATALOGRÁFICA

Araujo, Jário
Comandos do Linux — Uso eficiente e avançado
Rio de Janeiro: Editora Ciência Moderna Ltda., 2001.

Sistema operacional para microcomputadores
I — Título

ISBN: 85-7393-143-4   CDD 001642

Editora Ciência Moderna Ltda.
Rua Alice Figueiredo, 46
CEP: 20950-150, Riachuelo – Rio de Janeiro – Brasil
Tel: (021) 2201-6662/2201-6492/2201-6511/2201-6998
Fax: (021) 2201-6896/2281-5778
E-mail: lcm@lcm.com.br

Dedicatória

Dedico este livro àqueles que amo:
Muriel e Max Parsifal.

Agradecimentos

Agradeço aos amigos e companheiros que colaboraram na realização desta obra e dou destaque especial:

À Editora Ciência Moderna, na pessoa do meu amigo Paulo André Marques.

À Universidade de Brasília-UnB.

E aos auxiliares incógnitos que nada me deixaram faltar nos momentos de fraqueza.

Sumário

Prefácio IX

Abreviaturas XI

Introdução XIII

Parte I - O Linux 1

Capítulo 1 - O Linux 3
    Considerações históricas 5

Capítulo 2 - Características do Linux 7

Capítulo 3 - Organização do Linux 9

Capítulo 4 - O começo 13

Capítulo 5 - Linux-DOS e Mini-Linux 15
    Distribuições Mini-Linux e Linux-DOS 17
        Armed 17
        Baslinux 18
        Coyote 18
        Linux-router 18
        Looplinux 18
        Monkey Linux 19

Small-Linux 19
Trinux 20
Winlinux2000 20

Capítulo 6 - Operação básica do Linux 21
Como iniciar a sessão 21
Como trabalhar com diretórios 22
Como trabalhar os arquivos 25

Parte II - Os conceitos 29

Capítulo 7 - Introdução 31
Considerações 33

Capítulo 8 - Artifícios inteligentes para o uso dos comandos 35
O uso dos metacaracteres 37

Parte III - Os comandos Linux 41

Capítulo 9 - Os comandos Linux 43
adduser 43
alias 43
at 44
banner e xbanner 45
cal 45
calendar 46
cat 46
cd (change directory) 47
chfn 47
chgrp 47
chmod 48
chown 49
clear 49
Compactação e armazenamento 50
cp (copy) 53
date 54
du 55
df 56
echo 56
env 57
file 58
find 59

ftp (file transference protocol)	62
grep (globally find regular expressions and print)	63
gunzip	64
gzip	64
head	64
jobs	64
kill	66
login	67
ln	68
lpr (line printer)	69
ls	69
lynx	72
mail	73
man	76
mesg	77
mkdir (make directory)	77
more	78
mv (move)	78
nslookup	79
passwd	92
pico	94
pine	95
ping	96
pr	97
ps (process status)	98
pwd (print working directory)	101
reboot	102
rm	103
rmdir	103
shutdown	104
sort	105
spell	106
startx	107
stty	107
su	108
tail	108
talk	109
tar	110

- tee ... 110
- telnet ... 110
- tr ... 112
- traceroute ... 112
- tty ... 112
- uniq ... 113
- vi ... 113
- wc ... 114
- whereis ... 114
- who ... 115
- write ... 115
- xterm ... 117

Parte IV - Adendo ... 121

Capítulo 10 - Introdução ao kernel ... 123
- Manutenção do kernel Linux ... 124
- Como atualizar o kernel ... 125
- Como corrigir erros do kernel ... 126
- Como compilar o kernel ... 126

Capítulo 11 - Editor Vi ... 129

Apêndice A - Tabela ASCII ... 135

Apêndice B - GNU General Public License ... 137

Apêndice C - Endereços úteis ... 147

Apêndice D - O pingüim como símbolo do Linux ... 153

Prefácio

Este livro tem como propósito orientar o leitor a usar eficientemente os mais importantes e usados comandos do Linux. Seu conteúdo também dará suporte aos usuários de qualquer sistema operacional da família Unix.

Ele surgiu a partir de solicitações dos colegas da universidade, tendo como finalidade suprir a carência nesta área, pois a maioria dos livros já publicados no Brasil é muito mais voltada para o Unix de modo muito generalizado, aplicando-se mais aos administradores desse tipo de sistema.

Para escrever este livro, eu me inspirei em alguns capítulos do meu livro ainda não publicado Linux Total, mas que dentro de no máximo um semestre estará disponível em todas as livrarias do Brasil por esta mesma editora (Ciência Moderna). O Linux Total trata em pormenores as variadas aplicações e potencialidades do Linux. Com ampla abordagem sobre as mais importantes distribuições Linux, ele penetra nas idiossincrasias deste maravilhoso sistema operacional. Além disso, aborda os métodos de operação do nível do usuário estendendo-se até o superusuário. Também fala a respeito da programação para Linux, redes e muitos outros assuntos de magna importância para aqueles que desejam solidificar seus conhecimentos. Seu objetivo é tornar-se um livro de cabeceira dos "linuxmaníacos", firmando-se como um guia de referência Linux.

Este livro Comandos do Linux — Uso eficiente e avançado aborda diretamente os assuntos principais de forma concisa e prática, evitando a perda de objetivo de cada título. Ao buscar informação sobre um comando, o leitor terá no item associado apenas o necessário sobre o comando e o que deve fazer, e conforme a freqüência do uso deste comando, em curto espaço de tempo o leitor será capaz de explorar todas as potencialidades do comando.

Caso suas necessidades ultrapassem os objetivos deste livro, adquira o meu livro disponível Introdução ao Linux: como instalar e configurar o Linux no PC publicado por esta editora.

Público alvo

Este livro destina-se a você e a todos que optaram pelo Linux: usuários leigos, iniciantes com médios conhecimentos e aqueles que já possuem sólidos conhecimentos em Linux e Unix.

Comentários e dúvidas

Os comentários sobre o livro podem ser feitos diretamente com o autor no e-mail jario@fis.unb.br ou visitando o site http://www.fis.unb.br/jario, como podem também serem feitos diretamente com a Editora Ciência Moderna.

Convenções usadas

Com a finalidade de diferenciar os comandos, exemplos, declarações e o restante do texto, facilitando assim a leitura e identificação das partes do livro, convencionei as seguintes formatações de fontes:

- ◆ Comandos: Times New Roman Bold
- ◆ Exemplos: Courier New
- ◆ Sintaxe: Times New Roman Italic
- ◆ Declarações: Verdana Bold
- ◆ Comentários: Courier Italic
- ◆ Links de internet: Verdana Italic Bold

Abreviaturas

- API - Application Program Interface
- ASP - Application Service Provider
- CGI - Common Gateway Interface
- CPU - Central Processing Unit
- DNS - Domain Named System
- DSS - Distribution System Services
- DTD - Document Type Definition
- EIR - Equipment Identity Register
- ESS - Extended Service Sets
- FCS - Frame Check Sequence
- FTP - File Transfer Protocol
- GUI - Guide User Interface
- HDML - Handheld Device Markup Language
- HDTP - Handheld Device Transport Protocol
- HTML - Hyper Text Markup Language
- HTTP - Hyper Text Transfer Protocol
- IBSS - Independent Basic Service Set
- ID - Identification
- IP - Internet Protocol

- ISDN - Integrated Services Digital Network
- ISO - International Organization for Standardization
- ISP - Internet Service Provider
- LLC - Logical Link Control
- MAC - Medium Access Control
- OS - Operational Sistem
- PCI - Protocol Control Information
- PDA - Personal Digital Assistant
- PKI - Public Key Interface
- PPP - Point to Point Protocol
- RAM - Random Access Memory
- RM-OSI - Reference Model for Open Systems Interconection
- ROM - Read-Only Memory
- RSA - Rivest, Shamir and Adleman
- RTS - Ready To Send
- SGML - Standardised Generalised Markup Language
- SHA - Secure Hash Algorithm
- SMTP - Simple Mail Transfer Protocol
- SSH - Secure Shell
- SSL - Secure Socket Layer
- TCP - Transfer Control Protocol
- UDP - User Datagram Protocol
- URI - Uniform Resource Identifier
- URL - Unit Resource Locator
- VLR - Visitor Location Register
- XML - Extensible Markup Language
- W3C - World Wide Web consortium
- WML - Wireless Markup Language
- WWW - World Wide Web

Introdução

Este livro possui cinco partes distintas e bem divididas, tendo como finalidade tornar sua leitura mais agradável e clara.

Procurei desenvolver um modelo didático que fosse abrangente, lúcido e de fácil compreensão. As cinco partes dividem-se em categorias, de forma que coloquei na primeira parte os conceitos referentes ao Linux associados às informações principais sobre as características do Linux. Na segunda parte, coloquei conceitos técnicos e metodologias de operação referente ao uso eficiente dos comandos Linux. Na terceira parte, encontra-se um guia de consulta da maioria dos comandos Linux. Na quarta parte, coloquei assuntos distintos que ao mesmo tempo enriquecerão e auxiliarão o leitor nas tarefas de administração, operação e manutenção do Linux. Já na quinta e última parte encontra-se um rico apêndice.

O contexto de cada parte do livro está constituído da seguinte maneira:

A primeira parte constitui-se de seis capítulos e tem como objetivo fazer a apresentação do Linux, sua historia e uso, como mostrado abaixo:

No Capítulo I, encerra-se, em uma abordagem concisa e direta, a apresentação do Linux, sua história e seu futuro.

No Capítulo II, aborda-se, de forma concisa e clara, as principais características do Linux e mostra sua constituição.

No Capítulo III, é exposta uma explicação sob as partes do Linux e é feita uma abordagem sobre o seu modo de organização.

No Capítulo IV, são expostas concisamente as informações iniciais para operação do Linux.

No Capítulo V, trata-se dos chamados linux-dos e mini-linux. As plataformas operacionais desenvolvidas para rodar amigavelmente com os sistemas da Microsoft, tais como o DOS e os da família Windows.

Nestes capítulos, pode-se encontrar informações técnicas sobre os principais linux-dos e mini-linux bem como dicas para pegá-las gratuitamente na Internet.

No Capítulo VI, encerra-se a primeira parte do livro explicando-se ao leitor os passos para operação do Linux. Faz-se uma abordagem clara e simples a partir de exemplos, os quais auxiliarão os usuários leigos a dar seus primeiros passos na aprendizagem do sistema operacional Linux.

A Segunda Parte do Livro procura abordar os conceitos do Linux sucintamente, conduzindo o leitor de forma didática e clara aos mais rigorosos detalhes no trabalho eficiente dos comandos.

No Capítulo VII, são explicadas e exemplificados, de maneira muito concisa, as características e o "modus operandi" dos shells Linux.

No Capítulo VIII, o leitor é apresentado à dinâmica dos comandos Linux. Expõem-se os principais artifícios empregados no aproveitamento das mais diversas tarefas para o Linux. Este capítulo mostra os meios necessários para o usuário atingir as mais complexas metas usando os comando Linux.

A terceira parte do livro trata detalhadamente sobre os comandos do Linux e é composta de um único capítulo.

No Capítulo IX, explica-se ao leitor os comandos Linux, seus atributos e propriedades. Os comandos estão dispostos em ordem alfabética, facilitando assim a consulta.

A quarta parte do livro é constituída por um adendum. Também contém informações variadas necessárias para a excelência na operação do Linux.

No Capítulo X, são mostradas informações sucintas sobre o kernel Linux, bem como são explicados métodos para a manutenção e a atualização do mesmo.

O Capítulo XI constitui-se de um mini tutorial do uso do Editor Vi, um poderoso editor de texto ASCII Unix, usado e aperfeiçoado pelos desenvolvedores Unix desde a criação deste sistema operacional.

A quinta parte do livro é constituída por um apêndice.

O Apêndice I contém tabelas de caracteres ASCII.

O Apêndice II contém os termos da GNU-General Public Licence. Um convite apetitoso a fazer parte do mundo free software de fonte aberta.

No Apêndice III encontra-se uma rica listagem de sites com informações Linux.

Também consta neste apêndice alguns dos mais importantes sites, que oferecem gratuitamente programas de fonte aberta, revistas e jornais especializados etc.

E no Apêndice IV há uma declaração de Linus Torvalds, o criador do Linux, a respeito do Ícone Pinguin Linux mundialmente conhecido.

Então, desejo a todos uma boa e diligente leitura para que a aprendizagem seja decididamente sólida.

Parte I

O Linux

Capítulo **1**

O Linux

Parabéns por optar pelo Linux, um sistema operacional aberto, gratuito, flexível e multitarefas. O Linux é o mais novo membro da família Unix-like e desde a sua criação tornou-se o fenômeno mais emocionante na Utopia da informática, se firmando neste novo milênio como o pivô central da panacéia da informática.

É o sistema operacional que mais cresceu nos últimos anos. Ao longo de sua curta, mas promissora existência, o Linux conseguiu atrair nas fileiras de sua filosofia milhões de adeptos. Isto se deve ao fato de ser o Linux não só um sistema operacional gratuito, mas simbolizar uma geração na informática que transcende os limites da imaginação dos desenvolvedores e usuários de microcomputadores, no que concerne ao futuro da informática.

Usar Linux é sinônimo de inteligência e benefício. Brevemente, todas as pequenas, médias e grandes empresas serão forçadas a migrar seus setores de informática para o Linux, pois além do nível de segurança que ele oferece, ele também proporciona maior vantagem em lucro-benefício, já que seu custo é quase zero. No Brasil, o Linux já é tema de vários projetos nas várias Câmaras Legislativas Municipais, Estaduais e mesmo a Federal, pois os milhões gastos na manutenção, instalação e compra de softwares poderiam ser empregados em outras áreas como a saúde, a segurança e o bem-estar social.

Ao nível de usuários caseiros, o Linux também é vantajoso, além de ser um sistema versátil, robusto e variado graficamente. De configuração e instalação fácil, ele dispensará a constante prestação de suporte, como geralmente acontece com outros sistemas operacionais convencionais. Isto ocorre porque ele é muito bem feito, quase não tem bugs e o usuário está livre do pesado fardo, que são os vírus.

A maior vantagem do usuário comum ao migrar para o Linux reside no fato de que ele não roda vírus e o usuário vai economizar seu suado dinheiro, que seria gasto com o suporte constante.

Os programas para Linux são em maioria massacradora, absolutamente free, isto significa que os usuários adeptos tanto a nível pessoal como empresarial evitarão gastos com registros de programas.

O Linux é distribuído gratuitamente pela Internet sob os termos da GNU (General Public License) ou GPL da Free Software Fundation. Tornou-se um software tão popular que raramente encontrará um site que não ofereça o seu código aos visitantes.

Considerações históricas

O Linux foi criado inicialmente por Linus Torvalds, ainda quando era estudante na Universidade de Helsinki, na Finlândia. Daí surge o motivo do pingüim ser um bom símbolo para o Linux, devido às condições geladas deste país.

O Linux (pronúncia ainda indefinida linúks ou línuks) recebeu este como referência ao seu criador e, é claro, por mera semelhança ao Unix/Posix/Xenix.

O Linux surgiu como um projeto pessoal de Linus Torvalds, que iniciou seus trabalhos inspirando-se no modelo Minix, um pequeno sistema operacional UNIX desenvolvido por Andy Tannenbaum.

Figura 02: Linus Torvalds

Após queimar alguns neurônios, coisa comum no mundo da programação, ele concluiu seus trabalhos publicando no newsgroup comp.os.minix a seguinte mensagem:

> "Você suspira por melhores dias do Minix-1.1, quando homens serão homens e escreverão seus próprios "device drivers"? Você está sem um bom projeto e está morrendo por colocar as mãos em um S.O. o qual você possa modificar de acordo com suas necessidades? Você está achando frustrante quando tudo trabalha em Minix? Chega de atravessar noites para obter programas que trabalhem correto! Então esta mensagem pode ser exatamente para você.
>
> Como eu mencionei há um mês atrás, estou trabalhando em uma versão independente de um S.O. similar ao Minix para computadores AT-386. Ele está, finalmente, próximo do estágio em que poderá ser utilizado (embora possa não ser o que você esteja esperando) e eu estou disposto a colocar as fontes para ampla distribuição. Ele está na versão 0.02..., contudo, eu tive sucesso rodando bash, gcc, gnu-make, gnu-sed, compressão etc. nele."

Desde da apresentação do Linux, em 5 de outubro de 1991 por Linus Torvalds, um grande número de pessoas envolvidas com programação começou a desenvolver o Linux.

O Linux obedece ao padrão estabelecido pelo governo norte americano POSIX. POSIX é o padrão da API (Application Programming Inteface) Unix, referências para desenvolvedoras da família Unix-like.

Capítulo 2

Características do Linux

O Linux, como todos da família Unix-like, possui as características multitarefas e multiusuário.

A característica Multitarefa significa que ele pode executar mais que uma tarefa ao mesmo tempo. Ela permite que o usuário execute simultaneamente tarefas que anteriormente teriam que ser executadas seqüencialmente.

A multitarefa proporciona a vantagem de permitir que o sistema rode vários programas ao mesmo tempo e acima de tudo permite que os programas permaneçam rodando, mesmo que o usuário tenha-se deslocado da máquina.

A multitarefa Linux difere de seu semelhante comercial Microsoft Windows NT, no sentido que o usuário pode iniciar vários processos e fechar sua conta e ainda sim, se for o seu desejo, os programas continuarão rodando até que um comando os encerre, enquanto que em outros pseudo-multitarefas isto não acontece.

A característica multiusuário do sistema permite que vários usuários usem o computador simultaneamente, através de vários terminais conectados ao computador central, todos usando o mesmo sistema operacional. Os usuários de todos os terminais conectados a ele podem executar os mesmos programas, acessar arquivos e imprimir documentos, tudo isso simultaneamente. Isto acontece porque o sistema está capacitado a gerenciar os pedidos que todos os usuários fazem ao computador, evitando que um processo iniciado por um usuário interfira em outros processos de outros usuários.

A característica mais desafiadora e emocionante para os experts pc-maníacos do paradigma Linux é a portabilidade. Por distribuir seu código fonte aberto, permite aos usuários capazes modificá-lo à sua moda e necessidade operacional. Porém esta característica vai muito mais além que atender aos anseios de alguns hackers, ela permite que o sistema seja adaptado às diferentes culturas no mundo, bem como fomentar a variedade hoje existente.

O Linux não tem dono. Apesar de ter sido criado por L. Torvalds, o Linux é um patrimônio de todos e qualquer um que possua seu código fonte no Mundo. A única regra para o Linux está estabelecida no GNU/GPL, veja no apêndice.

Capítulo **3**

Organização do Linux

O Linux poder ser dividido operacionalmente em três parte distintas:
- O kernel (núcleo)
- O shell
- Aplicativos e utilitários

O kernel é o Linux propriamente. O que se chama normalmente de Linux é a distribuição. Ele planeja as tarefas e administra os processos.

O shell é um programa que interpreta os comandos digitados por um usuário e envia para o kernel. O shell não se resume só a receber as entradas do usuários, ele vai muito mais além. Ele é uma linguagem de programação interpretada completa. Possui: variáveis, construções condicionais etc.

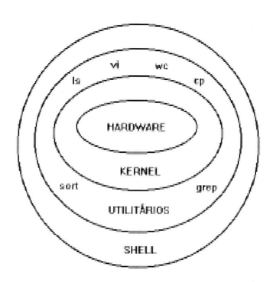

Os Aplicativos e utilitários são os principais programas adicionados ao Linux, como editores de textos, navegadores, mailers etc.

O Linux estruturalmente organiza seus arquivos em diretórios funcionais, conforme mostrado abaixo:

/bin   contém os principais arquivos executáveis ou links de binários de outros diretórios; a grande maioria deste conteúdo são os comandos.

/boot   contém os arquivos de referência do boot de inicialização do Linux.

/dev   contém os arquivos dispositivos de entrada/saída.

/etc   contém os arquivos de configuração do sistema, de informação de redes, senhas, logons etc.

/home   contém os diretórios dos usuários cadastrados, conta WWW, FTP, GOPHER. (Não obrigatório).

/lib   contém arquivos das bibliotecas.

/mnt   contém os links de montagem das partições.

/root   diretório local do superusuário.

/sbin   contém os arquivos de sistemas essenciais.

/tmp   contém os arquivos temporários gerados por certos utilitários.

/usr   contém os arquivos de usuários, diretório de programas instalados etc.

/var   contém os arquivos mais importantes de gerência e administração de sistema.

Capítulo 4

O começo

O usuário do Linux, antes de qualquer passo, deve estar devidamente registrado no sistema.

Operar o Linux é necessário após estar devidamente registrado no sistema ao se abrir uma sessão logando no sistema. Ou seja, para entrar no sistema, o usuário terá que entrar com o Login e a senha (passwords).

E quando encerrar suas tarefas de operação deve fechar sua conta no sistema efetuando um Logout.

Para entender como se dá o acesso ao sistema é preciso primeiro compreender os conceitos iniciais como login, password, shell e processos. Os capítulos que seguirão exporão sucintamente este assunto, porém nesta sessão o abordaremos de forma rápida, a fim de preparar o leitor leigo, proporcionando maior rendimento na aprendizagem.

O login é o nome que identifica o usuário para o sistema ou a rede. Ele está localizado no banco de dados do sistema com as informações do usuário. O login deve ser um nome não muito comprido, geralmente seu apelido ou nome comumente usado.

O password é a senha que permitirá ao usuário ter acesso ao sistema. O sistema não permitirá o logon se a senha do login for a mesma que a existente no banco de dados do usuário.

Após efetuar um logon no sistema, o usuário estará interagindo com o shell, quer seja direta ou indiretamente. Pois o shell é o programa que estará dialogando com o usuário através das entradas fornecidas pelo usuários ou programas e respondendo-as em uma sessão. O shell, como dito antes, é o programa que interpreta os comando entrados pelo usuários e os envia para o sistema.

Um programa ou comando executado a partir de um shell tanto quanto aqueles daemons são chamados de processos.

O leitor perceberá ao longo desta obra e de todas as outras que vier a possuir que o Linux é um sistema bastante cabalístico, ou seja, cheio de hierarquias e tudo se resume em número. Pois é assim que o Linux vê os usuários, comandos e tudo que gravita em torno do kernel.

Os processos são identificados por um número conhecido por PID (Process Identification), que à media que se aproxima do zero aumenta o grau hierárquico de prioridade no sistema. Os processos 0 (zero) e 1 (um) identificam os níveis mais altos de prioridade no sistema e estão relacionado com as atividades do kernel.

Quando um processo é criado, o Linux cria uma entrada para ele no PCB (Process Control Block). O PCB é uma tabela do Sistema Operacional que contém todas as informações sobre todos os processos.

A hierarquia de prioridade dos processos na PCB é herdada pelo usuário que o criou e cada usuário tem autoridade sobre todos os processos criados por ele no sistema. O superusuário logado em sessão de root pode exercer todas as operações sobre qualquer processo.

No Linux existem processos especiais chamados daemon. Estes são processos executados em segundo plano (background) e estão sempre disponíveis para a eficiência do sistema. Eles são inicializados a partir do boot do sistema.

Tenha sempre em mente que o Linux distingue os caracteres maiúsculos dos minúsculos, assim você estará isento de muitos aborrecimentos desnecessários.

Capítulo 5

Linux-DOS e Mini-Linux

Uma boa opção para começar com o Linux é usar uma das distribuições que rodam sobre o DOS ou MS Windows. Desta forma, os noviços podem conhecer algumas das potencialidades do Linux bem como aprender os macetes mais rigorosos.

A vantagem de se começar com este tipo de distribuição é que esta não exige nenhum conhecimento prévio de informações refinadas de sistemas operacionais e hardwares. A única exigência para a instalação é não ultrapassar os limites requeridos para instalar qualquer programa mais simples da Microsoft - um mero clique do mouse sobre binário e pronto.

É claro que este tipo de ambiente ou sistema operacional estará um tanto limitado ao ser comparado com as potencialidades operacionais do Linux, porém servirá bem ao propósito para aqueles que desejam previamente iniciar no Linux antes de migrar para a plataforma Linux integralmente.

Os mini Linux e Linux DOS são mais fáceis de instalar que as distribuições Linux convencionais. Instalar qualquer distribuição Linux é muito simples e rápido, mas uma distribuição alternativa como Linux-DOS é bem menos trabalhosa e exige bem menos tempo. Simplesmente basta extrair todos os arquivos para um diretório e iniciar a máquina em modo DOS.

As distribuições Linux para DOS usam o arquivo de sistema UMSDOS e o programa LOADLIN permitindo assim a instalação do Linux em uma partição do MS-DOS.

Após ser instalado corretamente e estar rodando a partir do ambiente Linux será permitida a referência cruzada dos diretórios e arquivos DOS/LINUX, como também a partir do MS Windows. No MS Windows, o diretório chamado C:\LINUX contém todo o conteúdo do Linux, enquanto o Linux estiver rodando os arquivos e diretórios do MS Windows que estarão no diretório /DOS.

Algumas distribuições Mini-Linux ou Linux-DOS são meros ambientes operacionais Linux. Outros, apesar de compactos, são poderosas ferramentas destinadas a desenvolvedores e experts da área. Eles possuem suporte completo a TCP/IP e SLIP e ambiente gráfico (X Windows) rodam uma imensidão de programas aplicativos e utilitários; e, apesar de sua limitação, existe uma grande variedade de softwares disponíveis, como segue abaixo para efeito de exemplo:

- Apache
- awk, sed
- Brownser Netscape, Mosaic e Lynx.
- Conexão a rede (telnet, ssh, ftp, traceroute, nslookup)
- bootpd, bootpgw, cron
- DOSEmu
- Editores vi e joe
- Fvwm95, xterm
- Kernel 2.0.30
- Manpages
- Netscape 3.01
- Programação PERL, GCC ...
- Utilidades para IPX/SPX

- X Window Xfree 3.2
- Sendmail e Pine

Os Linux-DOS e Mini-linux possuem também suporte para a maioria dos dispositivos hardwares. Rodam sempre satisfatoriamente em Microprocessadores 386SX e superior com dispositivos IDE/SCSI, suportam ATAPI e Mitsumi CD--ROM, VGA, SVGA (Cirrus, Trident, Oak etc) com placas de rede (Ethernet) (3C5x9, 3c59x, 3c90x, NE2000/NE1000, WD80x3), co-processador matemático, ISA, VLB, PCI bus, APM (Advanced Power Managment),impressora serial e PS/2 mouse e portas paralelas e serial.

Distribuições
Mini-Linux e Linux-DOS

O Linux-DOS é uma distribuição do Linux que roda amigavelmente em harmonia como os sistemas operacionais DOS ou Microsoft Windows.

O tamanho de um Linux-DOS varia de 2 Mb até 500 Mb ou mais de espaço no disco. Existem distribuições completas com esta finalidade.

O Mini-Linux é uma distribuição geralmente compactada do Linux e em grande maioria é um Linux-DOS. Os Mini-Linux que não se encaixam nesta categoria geralmente têm finalidade de suporte a usuários experientes que usam o Linux solidamente e possuem finalidades especificas.

A seguir foi exposta uma série Linux que se encaixa nesta categoria de distribuição:

Armed

Este é uma distribuição feita para aqueles que acreditam que o Linux é um sistema operacional secundário. Roda sobre o DOS e as versões Microsoft Windows. O pacote consta de um binário de aproximadamente 190 Mb e pode ser baixo no site:

http://www.armed.net/where/download.htm

Baslinux

Este é um Linux-DOS que fornece suporte aos seguintes itens: rede, roteador, discador ISP, roteador firewall, interface amigável para os newbie. O pacote de 2 Mb pode ser baixo em:

http://www.ibiblio.org/pub/Linux/distributions/baslinux/

Coyote

Esta distribuição é um desenvolvimento de Linux para floppy disk da Linux Router Project (LRP). O pacote pode ser baixado no site:

http://www.ibiblio.org/pub/Linux/distributions/coyote/

Linux-router

Esta distribuição simboliza o mínimo até onde um Linux pode ser instalado. Este foi ajustado pela Linux Router Project (LRP) para caber em um simples floppy disk (1.44 Mb). Oferece suporte e aplicativo à rede. O pacote pode ser baixo em:

http://www.ibiblio.org/pub/Linux/distributions/linux-router/

Looplinux

Uma pequena distribuição feita para rodar sobre Dos/Win95/98.

http://www.ibiblio.org/pub/Linux/distributions/looplinux/

Monkey Linux

O mais famoso mini Linux-DOS. Compacto, ocupa pouco espaço, roda sobre o DOS.

Possui ambiente gráfico (X-Window), suporte à rede, gcc, roteador, brownsers, editores, servidores para Internet (www, ftp, gopher) etc.

Uma instalação básica não ultrapassa 10 Mb.

http://www.spsselib.hiedu.cz/monkey/

Small-Linux

Este é um pequeno Linux de verdade. Roda satisfatoriamente em processadores com menos de 2 Mb de memória SDRAM. Foi desenvolvido para laptops 386 com Hard Disk limitados.

http://www.ibiblio.org/pub/Linux/distributions/small-linux/

Trinux

Eu nunca usei, mas as informações sobre esta distribuição garantem que esta é a mais portátil distribuição Mini-Linux. Roda a partir do boot no disquete e inteiramente com a memória SDRAM. Também roda seu pacotes a partir de uma partição FAT/Ext2 ou mesmo a partir de servidores HTTP/FTP.

http://www.ibiblio.org/pub/Linux/distributions/trinux/

Winlinux2000

Esta é uma completa distribuição Linux para rodar diretamente sobre Microsoft Windows 95 ou 98. Encontra-se disponível em 250 Mb para ser baixo em:

http://www.ibiblio.org/pub/Linux/distributions/winlinux2000/

Capítulo 6

Operação básica do Linux

Esta sessão do livro ensinará ao leitor a operar o sistema a partir de um terminal shell e do teclado. Para executar as mesmas tarefas via mouse basta um click do mouse sobre os ícones para abrir os programas e através do gerenciador de arquivos navegar pelo sistema.

Como iniciar a sessão

Entre com seu login, aperte enter e digite sua senha seguindo de enter novamente.

Abra uma sessão shell com o terminal e digite os comandos como a seguir.

Como trabalhar com diretórios

Use o comando cd para mudar de diretório. Os capítulos posteriores contêm toda sintaxe possível para este e demais comandos.

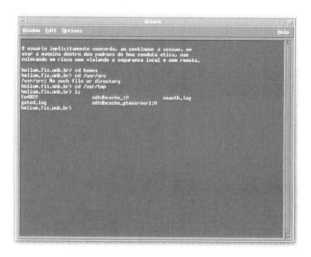

O comando pwd mostra em que parte da árvore de diretórios você está no sistema.

Capítulo 6 - Operação básica do Linux

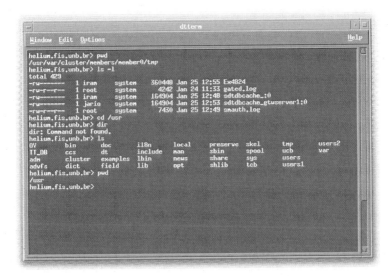

Para criar um diretório, use o comando mkdir.

Para remover diretórios, use o comando rmdir, porém muito CUIDADO! Se você apagar algum item importante não tem como voltar atrás.

Comandos do Linux

Para visualizar o conteúdo do diretório, use o comando ls ou o comando more. O comando more pagina o conteúdo do diretório. A tecla SPACEBAR pagina o arquivo e a tecla ENTER move para a próxima linha. As teclas simultâneas CTRL-C interrompem a exibição.

Capítulo 6 - Operação básica do Linux

Para ver e alterar o nível de segurança de um diretório, use o comando ls seguido do atributo "-l" e chmod.

Como trabalhar os arquivos

Para criar um arquivo texto, use um editor preferido ou um comando correlato, como citados na sessão comandos (sugestão: use o pico).

A partir do prompt do shell digite pico e digite o seu texto.

Para remover arquivos, use o comando rm.

Para copiar um arquivo, use o comando cp a partir do prompt, seguido do nome do arquivo a ser copiado, mais um novo nome do arquivo.

Para mover arquivos de um diretório para outro, use o comando mv. Porém fique atento para a real existência do diretório. Caso contrário, os arquivos serão movidos para um único arquivo com o nome do diretório destino. O comando mv, também renomeia os arquivos.

Capítulo 6 - Operação básica do Linux | 27

Para visualizar o conteúdo de um arquivo texto, use o more. A tecla SPACE-BAR pagina o arquivo e a tecla ENTER move para a próxima linha. As teclas simultâneas CTRL-C interrompem a exibição.

Para visualizar apenas as primeiras linhas de um arquivo, use o comando head.

Para visualizar as últimas linhas de um arquivo, use o comando tail.

Comandos do Linux

Para ver o nível de segurança de um arquivo, use o comando ls seguido dos atributos "-ls".

Parte II

Os conceitos

Capítulo 7

Introdução

As informações contidas nesta sessão representam a excelência dos comandos Linux, pois tratam de detalhes que normalmente passam despercebidos em livros técnicos sobre o assunto.

O leitor, quer seja ele um leigo ou um expert, terá benefícios ao estudar diligentemente esta sessão. Nossa mente é sempre limitada quando se trata de memorizar e, é claro, a prática é totalmente mecânica, de maneira que uma boa revisada nunca faz mal a ninguém.

Os comandos no Linux são executados a partir de um shell e este é o responsável pelo direcionamento desses comandos para o kernel.

Toda vez que um usuário abre uma sessão terminal, o shell lhe apresenta o prompt aguardando a entrada das informações. Estas entradas são conhecidas como linhas comandos.

Os prompts variam conforme o status do usuário e tipo de shell que esteja rodando no sistema. Para o shell C e família, o prompt é o símbolo % (porcentagem) enquanto que o Bourne Shell e família usam o símbolo $ (dollar). Estas convenções são para sessões abertas por usuários comuns, enquanto que para superusuários com status de root o símbolo é # (number).

O sinal ">" (maior que) geralmente aparece em terminais que estão rodando o shell genérico.

Os símbolos " % ", " $ " e " # " são padrões predefinidos pelos desenvolvedores; entretanto, os usuários podem personalizar estes símbolos a seus gostos, editando as linhas do arquivo de inicialização do shell na sessão do usuário (HOME/.login). A figura a seguir mostra um exemplo de personalização do shell. Neste exemplo é exibido o hostname da máquina:

Considerações

Nos exemplos e sintaxes dos comandos, na parte três do livro, foi convencionado o sinal % (porcentagem) para indicar o prompt do shell. Este sinal, como dito anteriormente, é a marca identidade do Shell C (csh, tcsh...), porém, a fim de não haver dúvidas, este sinal é usado apenas com finalidade didática e não trata especificamente deste shell. Os comandos são generalizados e podem ser aplicados para todos shells. Se houver alguma diferença no uso do comando de um shell para outro, o leitor será previamente advertido.

A partir do prompt, o usuário digita o comando ou alguns comandos e ainda pode digitar os argumentos que farão com que o sistema retorne os resultados com maior precisão. Esta é a sintaxe padrão que teremos ao decorrer deste capítulo:

```
%comando opções argumentos
```

Não é prolixo afirmar que os comandos nos Unix-like são sempre digitados em letras minúsculas (veja figura a seguir) e que usuários logados em contas comuns não poderão executar comandos de superusuários. Alguns comandos são restritos aos usuários privilegiados com status de superusuário predeterminados no sistema pelo usuário com login root. Caso o leitor seja o único usuário do Linux, é conveniente não usar a conta com login root e sim logar como usuário comum e depois solicitar pelo comando su a seção root no sistema, para executar as tarefas mais simples de gerência.

34 | Comandos do Linux

Capítulo **8**

Artifícios inteligentes para o uso dos comandos

Para aproveitar a soberania do Linux sobre os demais sistemas operacionais que rodam em microprocessadores é necessário o uso inteligente e eficiente dos potenciais do Linux. Uma facção destes potenciais se encontram nos uso dos comandos.

Não basta que o usuário abra um terminal e apenas digite os comandos. É claro que desta forma também funciona eficientemente; entretanto, à medida que o usuário aprofunda-se na compreensão do sistema e de seus potenciais, as exigências cada vez mais crescentes do uso integral das potencialidades do sistema acompanham-no em seu crescimento até dimensões imprevistas e este usuário passa a descobrir um mundo bem diferente e mais emocionante do que geralmente ele estava acostumado, principalmente se ele for usuário de outros sistemas operacionais diferentes da família Unix-like.

Qualquer pessoa com um mínimo de conhecimento em informática sabe que usuários avançados e exigentes, que executam tarefas complexas especialmente em redes, têm preferências por sistemas operacionais mais robustos e máquinas mais capazes e, neste caso, estamos falando de Unix e computadores superiores a 64 bits. O Linux satisfaz este tipo de usuário em absoluto, especialmente porque seu desempenho em máquinas inferiores a 64 bits é supremo.

Uma maneira de aproveitar tempo e executar as numerosas tarefas de modo eficiente e em tempo adequado, especialmente se o usuário é um responsável pelo funcionamento de numerosas máquinas conectadas em rede e com número elevado de usuários diversificados em uso e conhecimento de informática, é fazer com que a máquina o auxilie nestas tarefas, ou seja, programando-as para realizar muitos processos em tempos determinados. Outra maneira mais imediata é executar as muitas funções de comando de uma só vez.

Um destes artifícios é o uso do pipeline (|) ou simplesmente pipe, que permite a conexão de vários comandos digitados em uma só linha. O comando " | " informa ao shell que o comando um deve ser encadeado como o comando dois e sucessivamente tantos quantos outros houverem. Sua sintaxe básica é:

```
%comando1 opções| comando2 opções|comando3 opções |...
```

Ainda pode se associar aos pipes o comando tee, que serve para desviar os dados dos comandos especificados para um arquivo, o que lhe permitirá uma análise diligente dos resultados retornados pelo Linux. As opções para o comando tee são: -i ignora o sinal de interrupção, -a acrescenta dados ao arquivo ao invés de reescrevê-lo. Sua sintaxe é como no exemplo abaixo:

```
%tee   (opções...) arquivo...
```

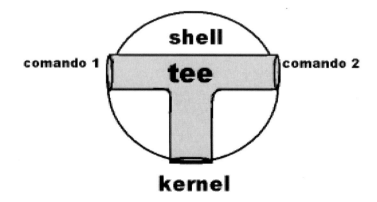

Capítulo 8 - Artifícios inteligentes para o uso dos comandos | 37

Quando os comandos encadeados pelo pipe (pronuncia-se paipe) não produzem o resultado desejado, caso você queira depurar os resultados, torna-se conveniente usar o comando tee. Sua sintaxe pode ser assim:

```
%comando1 | tee arquivo | comando2 | comando3 ...
```

Caso seja você um usuário de Linux/Unix com responsabilidades administrativas, o comando tee é uma ferramenta inseparável nas numerosas rotinas. Portanto, o uso do pipe associado ao comando tee na conexão com vários comandos deve ser usado o maior número de vezes possível, de acordo com a complexidade dos casos.

O uso dos metacaracteres

A construção de uma linha de comando ainda pode receber mais argumentos como os sinais: > (maior que), () (parênteses), ^tecla (control mais teclas), \ (barra invertida),-/+ (menos ou mais), [ ] (colchetes), * (asterisco), ? (interrogação), { } (chaves), ; (ponto e vírgula) e outros.

Estes sinais são indispensáveis na construção de linhas de comando para instruções diretas que requerem resultados precisos. O amadurecimento do usuário quanto ao uso destes artifícios se dará pela constante observação diligente e prática, conforme as imposições das necessidades.

O sinal > (maior que) serve para direcionar as saídas dos dados do sistema operacional para um determinado arquivo que se cria imediatamente ou já existente sem exibir os resultados no terminal, usando-o duplamente ">>". Estes adicionam os dados ao arquivo, ao invés de sobrescrever o arquivo, ou seja, apagar os dados anteriores, como no caso de usar apenas um ">".

Um bom uso deste comando é direcionar o lixo criado por programas para o um arquivo nulo, como no exemplo abaixo:

```
%netscape & >> /dev/null
```

Já o sinal < (menor que) direciona os dados de um determinado arquivo para um comando. Por exemplo, suponha que o autor possua um determinado arquivo chamado texto e queira enviá-lo para alguém:

```
%mail alguem@aa.net < texto
```

O arquivo por nome de texto será incorporado ao corpo da correspondência. O usuário deve tomar os devidos cuidados ao usar estes dois sinais: "< e >, pois, de outro modo, o leitor pode perder o conteúdo de seus arquivos.

O sinal () (parênteses) entre outras coisas mais serve especialmente para abrir um subshell que a partir de então executará várias operações requisitadas. Terminando as operações, estes devolvem o prompt do shell original.

O sinal " ^ " (circunflexo) já vem predefinido no Linux indicando a tecla Control; entretanto, o usuário pode fazer valer qualquer tecla. Aconselho a deixar como esta, ou você terá um festival de dor de cabeça. Você faz a atribuição de função a certas teclas usando o comando stty (set teletype), conforme a sintaxe seguinte:

```
%stty função tecla
```

onde função é o que você deseja atribuir à tecla e qual tecla você deve pressionar, por exemplo:

```
%stty kill ^u
```

toda vez que você apertar a tecla Control simultaneamente com a tecla u, a operação será apagar caracteres. Para ver uma tabela de funções, digite no prompt stty –a. O resultado é algo parecido como:

```
speed 9600 baud; rows 38; columns 80; line = 0;
intr = ^C; quit = ^\; erase = ^?; kill = ^U; eof = ^D;
eol = <undef>;eol2 = <undef>; start = ^Q; stop = ^S;
susp = ^Z; rprnt = ^R; werase = ^W; lnext = ^V;
flush = ^O; min = 1; time = 0;
-parenb -parodd cs8 -hupcl -cstopb cread -clocal -crtscts
-ignbrk -brkint -ignpar -parmrk -inpck -istrip -inlcr
-igncr icrnl ixon -ixoff -iuclc -ixany -imaxbel
opost -olcuc -ocrnl onlcr -onocr -onlret -ofill -ofdel
nl0 cr0 tab0 bs0 vt0 ff0
isig icanon iexten echo echoe echok -echonl -noflsh -xcase -tostop
-echoprt
echoctl echoke
```

Capítulo 8 - Artifícios inteligentes para o uso dos comandos

O caractere \ (barra invertida) tem múltiplas funções. Conforme cada caso, ela pode funcionar como caractere de scape, por exemplo:

\@ faz o shell desviar do @ padrão e aceitar o @ literalmente. Assim os caracteres \#, \), \! são reconhecidos como pelo shell como #) !

Outra função do caractere "\" é usada para quebra de linha de comando, ou mesmo juntamente com o ponto e vírgula para separar múltiplos comandos ou comandos únicos em linhas separadas.

Os apostrofes (') são usados para impedir que o shell interprete o conteúdo delimitado.

Os colchetes [ ], * (asterisco) e ? (interrogação) funcionam como curingas para substituir letras, nomes etc. O sinal de interrogação substitui qualquer caractere único. O asterisco substitui uma string, enquanto que os colchetes permitem a você delimitar uma faixa de caracteres alfanuméricos dentro de uma string ou frase. Os Unix-like permitem o uso conjunto dos três curingas, tornando mais eficientes as operações que os envolvem. O seu uso é bem extenso e a maneira como é usado depende da criatividade do usuário.

As chaves { } possuem muitas funções e o modo de uso depende também da criatividade, necessidade e habilidade do usuário, como os demais caracteres especiais. As chaves podem ser usadas para substituir arquivos em linhas de comandos, assim como também para agrupar nomes separados sempre por vírgulas.

O operador & (ampersand) envia os comandos para o segundo plano (background). Os comandos jobs e ps exibem a lista de programas rodando em background. Para matar os processos do comando jobs, use a sintaxe:

```
%kill %n°_do_job
```

Para matar os processos do comando os, use a sintaxe:

```
%kill -9 pid
```

Com o avanço dos ambientes gráficos tais como KDE e GNOME, os comando mais comuns, bem como tarefas administrativas, já possuem seus clientes equivalentes, o que facilita o uso das principais e mais comuns operações e, portanto, não é necessária sua digitação em uma seção terminal, bastando um click do mouse para sua execução.

Parte III

Os comandos Linux

Capítulo **9**

Os comandos Linux

adduser

Este comando é exclusivo para usuário com privilégio de superusuários. Ele serve para criar novos cadastros de usuários na estação ou no servidor da rede. O Red Hat possui um cliente no control-painel, da mesma forma que as distribuições que possuam instalados o KDE e GNOME.

alias

Este comando vem atribuindo um apelido a um comando. Seu papel é abreviar linhas de comando, além de certas operações.

Ele é muito útil para agilizar algumas tarefas no Linux e pode ser definido nos arquivos de inicialização.

```
"alias" do arquivo "/etc/bashrc." já existiam as linhas abaixo
alias diskon="mount /dev/fd0 /mnt/floppy"    # Monta disquete
alias diskoff="umount /dev/fd0"              # Desmonta disquete
alias cdrom.on="mount /mnt/cdrom"            # Monta o CD-ROM
                                             (declara no fstab)
alias cdrom.off="umount /mnt/cdrom"          # Desmonta o CD-ROM
```

at

Este comando executa os comandos específicos em um tempo futuro, como no arquivo crontab. Lembre-se de que o sistema conhece as datas dos dias, semanas etc. em inglês; portanto use o modelo americano inclusive para abreviação. Use o comando cal para lembrar destes detalhes do calendário no modelo norte americano.

Use ainda as letras A P N e M para abreviar manhã, tarde, meio-dia e meia-noite, respectivamente, porém estes comandos são opcionais.

A sintaxe do comando at é:

```
% at hora (mês dia) (dia semana) [ week ] comando
```

O comando week faz com que o comando execute em uma semana mais tarde, caso não queira especificar o mês.

Para segurança, redirecione o comando para ser executado em um terminal, caso este retorne um resultado. Para isso, basta acrescentar à sintaxe acima o sinal > (maior que) mais o terminal em que será executando o comando. Os terminais em Linux/Unix recebem os nome de /dev/ttyXX, onde XX é o número do terminal.

banner e xbanner

Estes comandos são usados para criar títulos e faixas em modo texto ou gráfico, respectivamente. O comando banner é usado em modo texto, enquanto xbanner é usado para modo gráfico. Sua aplicação é largamente usada no XDM para enfeitar a tela de logon. Entretanto, dê asas à sua imaginação criando mensagens, bandeirolas etc no ecran, em arquivos ou na impressora.

cal

Este comando exibe calendário para mês e ano. O usuário ainda pode optar se quer exibir o calendário gregoriano (o atual) ou juliano, muito útil para físicos cosmólogos, astrônomos. Para solicitar o calendário Juliano, use a opção –j.

Ao digitar cal ano, este exibe um calendário para o ano requerido de janeiro a dezembro. O usuário pode solicitar apenas um determinado mês em um ano qualquer. A sintaxe é conforme abaixo:

```
%cal mês ano
```

veja abaixo um exemplo de calendário juliano para o ano 2000. Não se espante com a simplicidade aparente. Atualmente estamos no dia (23/02/2000) que equivale a 2.451.598,2733.

calendar

Incluir este comando pode ser de uma ajuda extraordinária em muitas tarefas por auxiliar como uma secretária eficiente, porém ele ainda não faz parte dos utilitários padrões do Linux, mas sim do Unix. Ele exibe na tela uma agenda previamente criada em arquivo texto por nome calendar.

A utilidade deste comando reside no fato que nas datas previamente editadas no ficheiro ele lembra o usuário dos compromissos ali marcados, ou pode também lembrar todos os usuários enviando-lhes um mail, caso seja especificado.

```
%calendar
```

para entrar com os dado no arquivo ficheiro, use o formato mês/dia/ano seguido do conteúdo, conforme no exemplo abaixo:

```
#~/calendar
02/22/2000-      reunião com reitor da Universidade X
02/23/2000-      20 horas encontro na Sociedade Teosófica,
                 Estudo da Pistis Sophia,
                 Evangelhos Apócrifos
```

cat

Este comando concatena e imprime arquivos. Como ocorre no comando more, o comando cat é muito mais abrangente e suas opções de uso seguem na tabela abaixo. Porém, ler o manual enriqueceria muito o uso deste poderoso comando:

- \- Obtém dados do arquivo de entrada padrão.
- -u Não usa o buffering para saída, ativa a transferência linha-por- linha

-n Numera as linhas

-v Exibe caracteres não imprimíveis

Sua sintaxe básica é:

`%cat (opção) arquivo`

cd (change directory)

Este comando esta entre os mais usados. Sua função é mudar de diretório. O comando cd sem nenhuma diretiva volta diretamente para o diretório ~/ HOME ou diretório raiz de usuário.

`% cd pathname/nome_do_diretório`

O usuário poderá sentir-se mais confortável nas digitações dos nomes compridos e caminhos longos que o Linux possui digitando apenas a primeira letra de cada diretório e a seguir apertando a tecla TAB. Caso haja, na árvore mais de um diretório ou arquivo começando com a letra digitada, o sistema listará todos os nomes e o usuário com a letra característica que o diferencia dos demais nomes.

chfn

Este comando deve ser desabilitado ou negado a usuários sem privilégios de superusuários, isto porque ele expõe os demais cadastrados na máquina. Entre suas funções, ele muda informações do finger, tais como o nome, o trabalho, os telefones etc. A sintaxe para o uso é:

`%chfn login`

chgrp

Este comando é usado para mudar os atributos de grupo de diretórios e arquivos.

`%chgrp grupo arquivo`

chmod

Este comando altera as permissões dos arquivos, como dito anteriormente no capítulo Uso do LInux.

Os valores numéricos são usados para ajustar os tipos de permissões de acesso de acordo com cada grupo, através do comando chmod. Por exemplo, para dar permissões de acesso a um arquivo, usa-se a seguinte sintaxe:

`%chmod usuário grupo outros nome_do_arquivo`

como exemplo, darei permissão para qualquer um, de gravação e execução ao arquivo chamado download:

`%chmod 777 download`

Em outro método para tal, basta especificar o valor usando caracteres alfabéticos (r, w e x) em combinação com os caracteres u, g, o e a. Esse caracteres têm a conotação conforme a tabela seguinte:

- u significa usuário
- g significa grupo
- o significa outros
- a significa para todos

Ainda deve-se usar os caracteres operadores "+" soma, "– " subtração e "=" igualdade, que são usados para operar nas seguintes funções:

- + para acrescentar permissões
- - para retirar permissões
- = para retirar todas as permissões.

A sintaxe para este método mais simples é como segue abaixo:

`%chmod (opções)(operador)(tipo_permissão) nome_do_arquivo`

Com a finalidade de esclarecer, o exemplo abaixo elucidará essa sintaxe. Suponha que em determinado arquivo todos os usuários podem executar e ler, porém não poderão alterar seus dados, com exceção do dono do arquivo:

```
%chmod goa+rx arquivo
%chmod u+rwx arquivo
%ls -l arquivo
-rwxr-xr-rx   2 root   root  124 Fev 6 16:34 arquivo
%
```

chown

Esse comando é usado para passar a propriedade de um arquivo para outro usuário. Entretanto, para mudar a propriedade de certo arquivo é necessário que o usuário seja realmente o proprietário do arquivo ou tenha privilégios de superusuário.

A sintaxe para o comando chown é conforme abaixo:

```
%chown proprietário arquivo
```

clear

Este comando limpa todo o conteúdo no terminal. Normalmente, após digitar muitos comandos, ou mesmo o resultado de determinados comandos, preenche o campo visual do terminal em uso; a fim de possuir uma melhor visão, deve-se usar o comando clear para tal fim.

Entretanto, normalmente precisamos olhar resultados anteriores para continuar certas operações. Para esse caso, use o comando history e seu artifícios, tais como !n, onde n é o número anterior do comando digitado. Lembre-se que usando o comando clear você perderá as vantagens da barra de rolagem, caso você tenha habilitado a mesma para seus terminais.

Compactação e armazenamento

Achei por bem agrupar as minhas principais dicas de compactação e armazenamento de arquivos e diretórios em uma única seção deste capítulo. Conforme foi proposto nas notas preliminares, quanto à disposição e organização dos comandos, estes também ficam em seus respectivos lugares conforme a ordenação alfabética, para facilitar a consulta, porém seus títulos são ponteiros que indicam esta seção.

O Linux possui inúmeros programas que compactam ou armazenam dados em um único arquivo. O usuário deve possuir discernimento de qual método usar, o que muitas vezes não dependerá de suas preferências pessoais e sim do melhor e mais eficaz método.

Quanto maior a importância dos dados na máquina, maior a responsabilidade do usuário com estes. Por exemplo, imagine um grande laboratório de uma Universidade, com numerosos bancos de dados de toda espécie, sem backups de segurança de seu arquivos. Estes locais são alvo de falhas no sistema, erros de programadores e operadores, acidentes naturais e especialmente de ataques de intrusos maliciosos. Agora imagine backups destes dados usando métodos e programas duvidosos.

Os programas mais usados atualmente, tais como Tar e Gzip, por mais eficientes que sejam possuem certas características que deixam a desejar, especialmente o gzip. Este programa não possui tolerância quanto a falhas no armazenamento dos dados, colocando assim tudo a perder, pois em determinadas falhas nestas operações ele ou seu par, o gunzip, são incapazes de descompactar o arquivo. O Tar oferece menos riscos, mas o armazenamento mais seguro se dá quando este é feito no mesmo disco dos arquivos, ao invés de fitas e disquetes.

Ferramentas como cpio e apio podem ser mais eficazes em operações que não toleram grandes riscos em compactação e armazenamento de dados, apesar de serem simples em recursos.

A compactação ou mesmo empacotamento de arquivos é muito útil, especialmente para organização e economia de memória no disco rígido, porém a soberania da eficiência de arquivos compactados se verificam na transmissão de dados via rede. Neste caso, compactar os dados economiza tempo e dinheiro, além da transmissão ser segura.

Os principais e mais usados programas responsáveis pela compactação e expansão de dados e suas respectivas extensões identificadoras se encontram na tabela abaixo. Nesta tabela consta o programa compactador, o programa que executa a função oposta, descompactadora, e a extensão que identifica o método de compactação.

Compactador	Descompactador	Extensão
Gzip	Gunzip	.gz
Pack	Unpack	.z
Compress	Uncompress	.Z
Bzip2	Unbzip2	.bz2
Zip	Unzip	.zip
Tar	Tar	.tgz

Pela tabela acima, o leitor percebe que os programas que possuem o termo "un" nomenclatura são programas que são extraídos do pacote compactado. O uso destes programas é desnecessário, isto porque seu pares compactadores emulam através de suas opções as funções desse.

O par gzip (GNU Zip) e gunzip (GNU unzip) são os mais famosos programas compactadores da família Unix-Like, além de serem rápidos e eficientes. O gzip ao compactar REMOVE os arquivos originais descompactados salvando no arquivo.gz, porém os arquivos só serão removidos se a operação ocorrer com sucesso. A descompactação dos arquivos .gz se dá com o gunzip, conforme as sintaxes abaixo:

```
%gzip opções arquivo
%gunzip opções arquivo.gz
```

como dito anteriormente, o comando gzip emula o comando gunzip através de suas opções, tornando desnecessário o uso do gunzip. Use a opção –d para esta função. Uma lista de opções orientará o leitor no uso eficiente do programa gzip, conforme abaixo:

- c usado para concatenar saída de dados
- h lista todas as opções
- l lista os nome no conteúdo do arquivo.gz
- r exibe o modo recursivo
- t usado para testar arquivos
- v modo verbose, exibe informações sobre compactação

O comando tar é usado para armazenar vários arquivos e diretórios em um único arquivo *.tar. A fim de reduzir o espaço ocupado no disco, o uso da compactação deste arquivo se torna útil e eficiente. Usa-se o comando gzip ou compress para gerar arquivos terminados em *.tar.gz ou *.tar.z respectivamente.

A sintaxe para o comando tar é como a seguir:

```
%tar opções arquivos
```

As opções podem ser conforme a tabela de opções abaixo:

- c Usado para armazenar
- x Usado para extrair os arquivos do armazenamento.
- t Usado para listar o conteúdo ou testar
- r Usado para anexar arquivos num armazenamento
- d Usado para comparar os arquivos no armazenamento
- u Usado para atualizar os arquivos no armazenamento
- v Exibe em verbose
- f Para especificar o arquivo
- k Usado para não sobregravar o arquivo no armazenamento

Por exemplo, para comprimir os arquivos num diretório:

```
%tar cvf arquivos.tar   /diretório
```

enquanto que para extrair os arquivos do arquivo.tar basta usar o comando:

`%tar xvf arquivos.tar`

É prudente antes de destarjear qualquer arquivo fazer um teste para conhecer as estruturas, a forma de armazenamento dos arquivos e diretórios, usando o seguinte exemplo para ilustrar:

`%tar vf arquivos.tar  /diretório`

O comando tar, conforme foi dito, apenas armazena todos os diretórios e arquivos num único arquivo. A fim de economizar espaço no disco, é prudente compactar o arquivo com o comando gzip. A sintaxe para o uso do gzip é:

`%gzip -9 arquivo.tar`

a partir de então, o arquivo será comprido e irá gerar o arquivo *.tar.gz. Ainda pode ser útil ao invés de usar o gzip usar o comando compress que irá gerar o arquivo em formato *.tar.Z.

Um método eficiente e rápido para executar este comando é usar o recurso pipeline para os dois comandos tar e gzip, como no exemplo a seguir:

`% tar cvf /diretório | gzip -9 > arquivo.tar.gz`

Para fazer busca em arquivos compactados, use o comando zgrep sobre este comando. Muita coisa foi dita logo na seção correspondente.

cp (copy)

Este comando copia arquivos ou diretórios. O Comando cp admite as seguintes opções:

   -i Pede confirmação para cada arquivo a ser copiado.

-p Mantém na cópia as datas de modificação e permissões do arquivo original.

-r Copia recursivamente arquivos e diretórios integralmente.

Sua sintaxe é:

```
%cp ( opções ) arquivo1 arquivo2
```

O arquivo1 é o arquivo que será copiado e o arquivo2 é o arquivo gerado pelo processo. O arquivo1 e arquivo2 devem ter nomes diferentes ou simplesmente basta mudar as letras de minúsculas para maiúsculas no arquivo1.

date

Este comando exibe data e hora atuais, um bom auxiliar como o comando cal. Você em algum momento precisará corrigir, alterar etc os dados do clock (clock não é relógio, mas sim o marcador de pulsos) de sua máquina. O comando date, além de exibir estes valores atualizados, permite que o usuário configure-os.

A maioria das distribuições do Linux, possuem um cliente para ambiente gráfico que abrevia algumas das tarefas da correção feita em modo terminal.

Para saber da data e hora atuais, digite no prompt do shell o comando date e o resultado será como no exemplo abaixo:

```
%date
Thu Feb 23 11:10:04 2000
%
```

Para acertar o relógio, use o comando date mais argumento, conforme a sintaxe abaixo:

```
%date aammdd hhmm
```

Onde aammdd hhmm significa ano, mês, dia, hora e minutos. Ou use a sintaxe:

`%date +(opção)`

As opções para o modelo acima são:

%D	Data como MM/DD/AA
%a	Dia da semana abreviado (domingo a sábado)
%h	Mês abreviado em inglês (Jan a Dec)
%j	Dia do ano (001 a 365, e 366 para os anos bissextos)
%w	Dia da semana (Domingo = 0, Segunda = 1)
%m	Mês do ano (01 a 12)
%T	Hora
%M	Minutos
%r	Para formato hh:mm:ss (A.M./P.M.)

du

O comando du é usado para obter informações do espaço utilizado por diretórios. Este comando torna-se vital para o bom funcionamento do sistema, principalmente se você exerce função administrativa em empresas e não habilitou o quotas no sistema. Você constantemente deve fazer varreduras no hard disk com o comando df e depois com o comando du para ver como estão utilizados os espaços destinados aos usuários. A sintaxe do comando du é como segue:

`%du opção dir`

As opções para o comando du são:

-s Informa o número de blocos

-a Informa o tamanho de cada arquivo

O comando du informa o uso do disco a partir do diretório principal solicitado e também a situação de cada subdiretório, usando a opção -a além dos resultados anteriores exibe também o número de blocos usados por cada arquivo nos diretórios e subdiretórios, entretanto caso você queira ver apenas o conteúdo total do diretório pai, sem exibir pormenores a respeito do conteúdo do mesmo use a opção –s.

df

O comando df é usado para exibir o número de blocos livres no HD, as opções –i que informam o número de ícones livres e –l que faz com que o sistema conte os blocos na lista de blocos livres. O usuário tem ainda disponível a opção –t, para exibir o informações tanto de ícones como de bloco alocados. A sintaxe do comando df é como segue:

`%df opções`

por exemplo:

```
%df
Filesystem  1024-blocks    Used   Available  Capacity  Mounted on
/dev/hda2   1279565      524805    688636      43%        /
/dev/hda1   1229440      926848    302592      75%     /home/win
/dev/hda4    411040      375232     35808      91%     /home/dos
%
```

O comando df mostra também todo o conteúdo de demais máquinas montadas via rede NFS na máquina local.

echo

Este comando repete ou ecoa tudo aquilo que for digitado a sua frente, separado por um espaço em branco. Quando se usa a opção –n, o shell não avança a linha.

Capítulo 9 - Os comandos Linux |57

O comando echo quando usado com os metacaracteres, torna-se uma poderosa ferramenta, evitando maiores perdas de tempo. Tudo é uma questão de uso, para este comando lembre-se aquele velho adágio "a função faz o órgão, enquanto que o desuso atrofia", já diz tudo.

% **echo** argumentos

A leitura do manual interno enriquecerá o uso deste comando.

env

Tal como o printenv, este comando usado para obter uma lista de variáveis do ambiente shell atualmente definidas. O conteúdo da lista exibida é formado por cadeias de informações que compõem as variáveis do shell, conforme o exemplo abaixo.

```
USERNAME=root
ENV=/root/.tcshrc
HISTSIZE=1000
HOSTNAME=thorium.localdomain
LOGNAME=root
HISTFILESIZE=1000
MAIL=/var/spool/mail/root
TERMCAP=xterm|vs100|xterm terminal emulator (X11R6 Window
System):am:km:mi:ms:xn:xo:co#80:it#8:li#24:AL=\E[%dL:DC=\E[%dP:
DL=\E[%dM:DO=\E[%dB:IC=\E[%d@:LE=\E[%dD:RI=\E[%dC:UP=\E[%dA:ae=
^O:al=\E[L:as=^N:bl=^G:cd=\E[J:ce=\E[K:cl=\E[H\E[2J:cm=\E[%i%d;
%dH:cr=^M:cs=\E[%i%d;%dr:ct=\E[3k:dc=\E[P:dl=\E[M:do=^J:ei=\E[4
l:ho=\E[H:ic=\E[@:im=\E[4h:is=\E[r\E[m\E[2J\E[H\E[?7h\E[?1;3;4;
6l\E[4l:k1=\E[11~:k2=\E[12~:k3=\E[13~:k4=\E[14~:k5=\E[15~:k6=\E
[17~:k7=\E[18~:k8=\E[19~:k9=\E[20~:kI=\E[2~:kN=\E[6~:kP=\E[5~:k
b=^H:kd=\EOB:ke=\E[?1l\E>:kh=\E[@:kl=\EOD:kr=\EOC:ks=\E[?1h\E=:
ku=\EOA:le=^H:md=\E[1m:me=\E[m:mr=\E[7m:nd=\E[C:rc=\E8:sc=\E7:s
e=\E[m:sf=^J:so=\E[7m:sr=\EM:ta=^I:te=\E[2J\E[?47l\E8:ti=\E7\E[
?47h:ue=\E[m:up=\E[A:us=\E[4m:
```

```
TERM=xterm
HOSTTYPE=i386
PATH=/sbin:/usr/sbin:/bin:/usr/bin:/usr/X11R6/bin:/root/bin
HOME=/root
SHELL=/bin/tcsh
USER=root
HOSTDISPLAY=thorium.localdomain:0.0
DISPLAY=:0.0
OSTYPE=Linux
WINDOWID=46137357
SHLVL=2
_=/usr/bin/env
```

Os valores contidos no exemplo acima podem ser definidos ou alterados através de linhas de comandos a partir do prompt do shell. Para isto, use a sintaxe generalizada abaixo:

%VARIÁVEL="argumento"**;export VARIÁVEL**

O argumento export é valido para o shell bash e similares, para o shell C e similares substitua por setenv. Este comando é discutido com maior amplidão na seção que trata do shell.

file

O comando file determina o tipo do arquivo, bem como a natureza de seu conteúdo. Tem como sintaxe:

%file opção argumento

Este comando testa os argumentos buscando informações de sistemas de arquivos, número mágico e o tipo de linguagem fonte.

O usuário deve aproveitar a praticidade deste comando a fim de abreviar certas tarefas.

find

Este comando é usado para localizar objetos no Linux. O comando find tem muitas opções e não muito simples a primeira vista.

O usuário deve tomar cuidado ao usar este comando ou poderá perder muito tempo e ainda não obter o resultado desejado.

O primeiro cuidado a ser tomado é a partir de onde usar o find, a melhor maneira de usá-lo é escolher um ou mais ramos da árvore de diretório para a busca do objeto. Caso o usuário use este comando, a partir do diretório / (root), este incauto poderá ter alguns problemas tais como:

 i muitos drives de grandes dimensões
 ii computadores remotos montados via NFS em drives locais e ainda mais se estes possuírem muitos drives de grande dimensões
 iii as opções e os argumentos como condições da busca
 iv etc

O comando find pesquisa cada subdiretório dos diretórios até esgotar totalmente todas as possibilidades especificadas nas condições de busca e ao mesmo tempo em que forem encontrando os valores e objetos solicitados, este imprime um resultado no vídeo.

O comando find faz pesquisa de nomes, valores e situações de acordo com as opções especificadas. Também como alternativa permite o uso de caracteres especiais para refinamento dos resultados apresentados pelo sistema. Estes caracteres especiais podem ser operadores lógicos, tais como AND e OR ou metacaracteres, tais como parênteses, barra invertida (backslach), parênteses, exclamações.

Os parênteses são executados com prioridade máxima, seguindo em ordem decrescente do caractere "!" (exclamação), AND lógico e por último OR lógico representado por -o.

A sintaxe fundamental para executar o comando find segue abaixo:

`%find` diretórios opções argumentos

Os diretórios podem ser mais de um, separados por espaço. As opções são condições que determinarão a natureza da pesquisa e os argumentos são ações que informarão como o sistema deve proceder ante os resultados.

Algumas das opções básicas para o comando find estão na tabela abaixo. A consulta do manual residente e do help ajudarão na compreensão das demais.:

-name	testa nome específicos do arquivo ou arquivos
-perm	não encontra os arquivos por permissão octal
-type n	informa o tipo do objeto pesquisado onde n assume os valores
d	diretório
f	arquivo simples
c	arquivo de dispositivo tipo caractere
b	arquivo de dispositivo tipo bloco
p	para pipe
-user	nome encontra arquivos dos usuários
-group	grupo encontra arquivos de propriedade do grupo
-newer	encontra arquivo modificado recentemente
-size n	encontra arquivos com tamanhos em n blocos, use – (menos) antecedendo o tamanho dos blocos para indicar menor que e use + (mais) para indicar maior que.
-links	encontra ligações.
-xtime n	o x no inicio da opção assume os valores.

a   para arquivos acessados n dias anteriores.

c   para arquivos criados n dias anteriores.

m   para arquivos modificados n dias anteriores.

use – (menos) para os números de dias depois e use + (mais) para indicar o número de dias antes.

Para os argumentos, que são as ações diretivas para o sistema responder adequadamente às solicitações do comando, o usuário deve finalizar a linha de comando por \; (backslach e ponto e vírgula), antecedidos por ações específicas que determinarão o modo dos argumentos. Para completar, quanto ao uso dos metacaracteres, descrevo agora o uso das chaves { }. Estas devem ser usadas para passar os resultados para as ações.

Quanto às ações possíveis que assumem nos argumentos da linha de comando, pode-se usar:

-exec   para executar os comandos.

-ok   possui a mesma função que o –exec, exceto que este exibe um prompt pedindo confirmação de execução.

-print   imprime uma rota

-xdev   procura somente no dispositivo atual.

-path   testa a rota.

Veja nos exemplos abaixo, o uso do comando find para procurar simplesmente o ficheiro Xmodmap, depois a procura por arquivos acessados nos últimos dois dias *.log, no seguinte procurar e remover os arquivos de erros gerados pelo sistema e por último a remoção de arquivos sem acesso nos últimos 30 dias e que sejam maior que 1024000 Kb e que esteja no disco da máquina:

```
%find /usr -name Xmodmap
%find /var -atime +2 *.log
%find /home -name core -ok rm { }\;
%find / -atime +30 -size +1024000 -xdev rm { }\;
```

Conforme os exemplos acima, o usuário se beneficiarão mais usando uma sintaxe mais especifica do comando find com suas opções e ações, conforme as indicações abaixo:

```
%find /path opções -exec comando { }\;
%find /path opções -ok comando { }\;
```

ftp (file transference protocol)

Este utilitário é o cliente responsável pelo protocolo de transmissão de arquivos. Ele transmite arquivos de um computador remoto para um local e vice-versa. Tratamos deste utilitário num capítulo sobre redes logo a seguir.

Para usar este serviço é preciso que a máquina remota tenha instalado o programa servidor que atende a conexões.

O acesso se dá de dois modos: logando diretamente com login e senha ou por meio de logon anônimo. No primeiro modo, a pessoa possui cadastro na máquina remota; então, basta que ela entre com login e senha para receber no prompt o diretório home da conta remota do usuário. Por outro lado, se ela não possui conta naquela máquina, o usuário pode logar com uma conta pública.

A conta de acesso público chama-se anonymous e a senha deve ser o e-mail do usuário ou simplesmente guest. Vasta é a quantidade de servidores que dispõem deste serviço aberto ao público, faça um teste para ftp://ftp.fis.unb.br disponibilizei neste local alguns documentos úteis, ou em ftp://ftp.unb.br, o pessoal do cpd da Universidade tem se preocupado em atualizar o conteúdo.

Atualmente no Linux existe o cliente gráfico do comando ftp. O autor aconselha seu leitores a baixá-los, instalá-los e usá-los, pela sua simplicidade e facilidade de uso. Na Internet, o leitor o encontra em ftp://sunsite.unc.edu/pub ou ftp://ftp.linux.uncamp.br.

A sintaxe para o uso via terminal é:

```
%ftp opções link
```

Capítulo 9 - Os comandos Linux |63

Então, entre com o login e senha conforme um dos casos supracitados, use os comandos do Linux para funcionar na máquina remota ou local. Lembre-se: você esta sendo monitorado e tudo que for digitado e feito, bem como as informações de sua máquina serão registrados num arquivo *.log, que será verificado pelo administrador daquela máquina.

Digite bin para transferência de arquivos binários, cd para mudar de diretório, lcd para mover para o diretório local, get, rgt e mget para baixar os arquivos em sua máquina e put para transferir da máquina local para máquina remota, use bye para fechar a conexão.

grep (globally find regular expressions and print)

Faça do comando grep um auxiliar "pau-para-toda-obra". Este utilitário é muito útil em quase todas as tarefas de gerência do sistema. O usuário ainda pode diversificar com as demais variantes egrep e fgrep, porém ambos podem ser emulados através das opção do comando grep.

O comando grep procura uma palavra ou uma expressão no local especificado. Por exemplo:

```
%ps axu | grep usuário
```

O sistema retornará todos os processos encontrados, o comando grep filtra este e exibe apenas os processos de iniciados pelo usuário. Num texto, o comando grep localiza determinada palavra, informa as linhas etc. A sintaxe do comando grep é:

```
%grep opções expressão objeto
```

As principais opções do comando grep estão abaixo; entretanto, um passeio pelo manual residente do Linux enriquecerá o conhecimento do leitor no uso do deste valoroso comando.

   -c faz contagem de linhas no conteúdo
   -i ignora as letras maiúsculas e minúsculas

-E emula o comando egrep

-F emula o comando fgrep

-h impede a exibição de nomes de arquivos

-l lista apenas os nomes do arquivo especificado.

-n exibe a numeração de linhas, onde encontra a expressão

-s suprime as mensagens de erros

-v suprime a expressão, imprimindo na saída padrão todas as linhas.

gunzip

Esse comando é usado para descompactar arquivos. Leia a seção Compactação e armazenamento, descrita anteriormente.

gzip

Esse comando é usado para compactar arquivos. Leia a seção Compactação e armazenamento, descrita anteriormente.

head

Este comando mostra as n-primeiras linhas de um arquivo, a opção n define o número de linhas a serem exibidas. O comando head tem como par oposto o comando tail, que exibe as última linha de um arquivo. A leitura do manual residente enriquecerá no uso deste comando, sua sintaxe é:

```
%head opção arquivo
```

jobs

Este comando é usado para gerenciar serviços de programas em execução que estejam em background.

Capítulo 9 - Os comandos Linux | 65

O usuário coloca um programa em background quando usa na linha de comando o caractere & (ampersand). Por exemplo, em um mesmo terminal o usuário executa vários programas como a seguir:

```
%netscape &
%xmaple &
%xwp &
```

O sistema responderá a cada comando informando o número do serviço e o número de processos, conforme o exemplo abaixo:

```
%netscape &
[1] 1952
%
%xmaple &
[2] 1953
%
%xwp &
[3] 1954
%
```

Use o comando jobs para ver a lista de serviços, conforme o exemplo abaixo:

```
%jobs
[1]   Stoped netscape
[2] +Stoped (tty output) xmaple
[3] -Stoped (tty output) xwp
%
```

Com a finalidade de guardar os resultados emitidos pelo caractere "&", você pode também enviá-los para um arquivo ascii, para ser consultado mais tarde, usando duplo chevrons (>>), sendo esta operação um inconveniente, por alguns motivos, como criar lixo no disco etc.

Use as setas Ctrl+Z simultaneamente para enviar programas em segundo plano também. Para trazer de volta os programas em background, use o comando fg mais o número do serviço, conforme a sintaxe abaixo:

```
%fg #
```

kill

Este comando termina um processo. Processos são programas que estão sendo executados.

O comando kill auxilia o usuário juntamente com os comandos jobs e os. Estes comandos exibem informações sobre os processos. O comando kill tem a função de encerrar esses processos.

Os processos são identificados através do PID (Process Identification Number) e geralmente são aqueles executado em background usando a opção & ao final da diretiva de execução dos programas.

Os processos 0 e 1 são processos especiais que sustentam o sistema. Estes processos devem ser analisados com cautela, caso contrário podem causar uma catástrofe.

Quando o usuário roda o comando os, uma tabela de informações lhe é apresentada contendo o número do processo (PID), o terminal (tty), o estado (STAT), o tempo de uso pelo CPU e o nome do programa (COMMAND) em execução. Para a coluna STAT, onde se mostra o estado do processo, o sistema exibe as seguintes iniciais: "S", "T" e "R" que significam respectivamente Suspenso e em execução para os dois últimos. O exemplo seguinte elucidará o que foi dito:

```
%ps
PID        TTY        STAT        TIME        COMMAND
103        01         S           09:02       netscape
104        01         S           09:02       tcsh
%
```

Para encerrar os processos listados pelo comando os, use a seguinte sintaxe:

   %kill opção PID

Quando o usuário roda o comando jobs, uma tabela contendo o número de serviço [#] mais informações de estado do programa e o próprio programa. A tabela abaixo ilustra com um exemplo:

```
%jobs
[1] -Stopped (tty output) netscape
[2] -Stopped (tty output) xmaple
[3] +Stopped (tty output) pico
%
```

Processos ociosos carregam o sistema pelo uso desnecessário de memória. Procure ver quais são estes processos, especialmente aqueles rodando em background.

Para encerrar os serviços listados pelo comando jobs, use a sintaxe básica para o comando kill que segue abaixo:

   %kill %número

O caractere porcentagem deve anteceder o numero do serviço.

login

O comando login inicia uma seção em outra conta na máquina. O comando rlogin faz o mesmo, só que remoto. Ambos estão em desuso, já que os administradores de sistema desabilitam estes comando por questão de segurança.

A sintaxe para o comando é:

   %login usuário

ln

Este comando cria ligações (links), ou imagens para determinados programas, arquivos ou diretórios.

O comando ln associa um nome a um determinado programa, transferindo todas as funções daquele programa para o nome em que se cria o vínculo.

A utilidade deste comando é finita onde termina a criatividade do usuário. Ele tanto pode exercer um papel importante nas tarefas administrativas como também nas operações corriqueiras dos usuários comuns.

Os arquivos links no sistema de arquivos do Linux são por uma à (seta) apontando o path origem, que faz vínculo com o nome e o resultado do comando ls –l no grupo de permissão, além disso, identificam-se os mesmos pelo l (éle) no inicio das atribuições. Conforme o exemplo abaixo, a primeira linha do resultado indica que rmt é um link para o arquivo no path /sbin/rmt.

```
%ls -l
lrwxrwxrwx 1 root    root        9 Dec    9 14:01     rmt -> /sbin/
rmt*
-rw-r—r—   1 root    root      743 Jul   31                  1994 rpc
drwxr-xr-x 2 root    root     1024 Dec    9 13:59       segure_log/
%
```

O comando unlink remove a ligação feita pelo comando ln, sendo mais seguro para determinados casos do que usar o comando rm.

A sintaxe básica para o comando ln está representada abaixo:

```
%ln opções path/arquivo path/nome_link
```

A opções mais comuns para este comando seguem na tabela abaixo. A leitura do manual residente elucidará o uso eficiente destes:

    -f cria um link brutamente mesmo que não exista o arquivo origem.

    -s cria um link simbólico

    -i exibe numero de identificação

lpr (line printer)

Este comando coloca um arquivo ou dados da entrada na fila de impressão do diretório /var/spool da impressora. Os botões de impressão nos utilitários no ambiente gráfico chamam o comando lpr para imprimir seus objetos.

Segue abaixo a sintaxe básica para o comando lpr. O capitulo sobre impressão elucidará o uso eficiente deste comando:

```
%lpr opções arquivo
```

As opções para este comando seguem na tabela abaixo. O usuário ainda pode definir o nome da impressora junto com as opções, caso a estação de trabalho possua mais de uma impressora.

- -c   faz uma cópia do arquivo a ser impresso
- -r   remove o arquivo após colocá-lo na fila de impressão
- -m   envia um mail informando o fim da operação
- -n   omite informações sobre a impressão
- -P   especifica uma impressora

ls

Este comando lista os arquivos de diretórios e exibe informações sobre as suas características. Por exemplo: digite a partir do prompt do shell o comando ls –l (lista arquivos exibindo ordenadamente suas informações) conforme o exemplo abaixo.

```
%ls -l
total 316
lrwxrwxrwx 1 bin   bin    19   Dec 9   14:01maple -> /usr/lo-
cal/maple/bin/maple*
```

```
-rw-r—r—    3 user  user2  743   Jun 31  1995   rpc
-rw-r—r—    1 user  root   2186  Mar 28  1996   satan
-rw-xr-xr-  11 root doc    1320  Dec  9  14:22  hosts.list
-rw-xrwxr-  1 root  doc    304   Jan 19  1996   slip.hosts.old
drwxr-xr-r- 12 root doc    24076 Jun  9  13:59  exemplos/
%
```

As informações exibidas no resultado da saída do comando ls –l devem ser interpretadas da seguinte maneira:

- Total 316 é o numero total de blocos ocupados pelos arquivos no diretório.
- A Primeira Coluna exibe a lista dos modos de permissões dos arquivos.
- A Segunda Coluna informa o número de ligações dos arquivos.
- A Terceira Coluna informa quem é o proprietário do arquivo.
- A Quarta Coluna informa o grupo do arquivo.
- A Quinta Coluna informa o tamanho do arquivo em bytes.
- A Sexta Coluna informa a data e hora da última modificação do arquivo.
- A Sétima Coluna informa sobre o arquivo ou diretório, os meta-caracteres "à" (seta), "/" (barra) e "*" (asterisco) significam link, diretório e binário respectivamente.

Quanto às informações exibidas na Primeira Coluna, esta informa sobre as características de acesso, ou seja, quem pode e quem não pode acessar. Esta coluna exibe um mais nove caracteres, sendo que o primeiro informa sobre o tipo de arquivo e pode trazer um dos seguinte valores"-" traço para arquivos comuns, "d" para diretórios e "l" para links e, em alguns casos "s" sistema; os nove restantes estão divididos em grupos de três e recebem os valores rwx (right, write, execute) para informar sobre as permissões do Proprietário, do Grupo e de Outros possíveis. A tabela abaixo explica detalhadamente o que foi dito até aqui:

```
   Proprietário    Grupo      Sistema
?  r  w  x        r  w  x    r  x  x
1  2  3  4        5  6  7    8  9  10
```

1 ⇨	Informa o tipo de arquivo	d	⇨	diretório
		l	⇨	link
		-	⇨	demais arquivo
2 ⇨	Permissões do Proprietário	r	⇨	leitura, não permitida leitura
3 ⇨	Permissões do Proprietário	w	⇨	escrita, não permitida escrita
4 ⇨	Permissões do Proprietário	x	⇨	execução, não permitida execução
5 ⇨	Permissões do Grupo	r	⇨	leitura, não permitida leitura
6 ⇨	Permissões do Grupo	w	⇨	escrita, não permitida escrita
7 ⇨	Permissões do Grupo	x	⇨	execução, não permitida execução
8 ⇨	Permissões do Sistema	r	⇨	leitura, não permitida leitura
9 ⇨	Permissões do Sistema	w	⇨	escrita, não permitida escrita
10⇨	Permissões do sistema	x	⇨	execução, não permitida execução

Muito há que se dizer sobre as permissões de modo de acesso de arquivos e diretórios no Linux. Por enquanto, espero que o leitor se contente com as informações contidas nesta seção. Em outro capítulo voltaremos a tratar em detalhes sobre tais informações.

A sintaxe fundamental para o comando ls é:

```
%ls   opções   /path
```

As principais opções do comando ls estão na tabela a seguir. Eu espero que o leitor sempre que possível reveja as instruções no manual residente a respeito deste comando. Para tal, digite no prompt do shell man ls ou pode também ler o manual pelo seu cliente no ambiente gráfico, digitando a partir do prompt xman ls.

- -l lista ordenada pelo nome e em formato longo, mostrando permissões, proprietário, data, hora etc
- -F mostra a barra de diretórios
- -R mostra o conteúdo de todos subdiretórios
- -x lista o resultado em várias colunas na horizontal
- -a (all) lista todos os arquivos, inclusive arquivos ocultos
- -t lista por ordem cronológica
- -s lista como a opção –l mais os blocos ocupados
- -C lista em várias colunas
- -m lista horizontalmente, separado por vírgulas

lynx

Este comando substitui o browser de navegação na Internet. Entretanto, ele está limitado ao modo texto. O usuário não pode aproveitar as vantagens do ambiente gráfico, como visualizar imagens ou mesmo usufruir o potencial das linguagens que rodam sobre os protocolos de rede, tais como executar scripts java ou java scritp, cgi/perl etc.

O Lynx suporta os protocolos ftp e http como os melhores browsers. A superioridade dos browsers gráficos como o Netscape (o melhor e mais completo browser de todos) e mosaic é indiscutível quando se trata de estar logado localmente. Entretanto, quando logados remotamente através de uma seção telnet e ssh, o Lynx impera absolutamente.

Quando o usuário roda o Lynx, a tela de apresentação no terminal apresenta-lhe um menu conforme abaixo:

```
Arrow keys: Up and Down to move. Right to follow a link;
Left to go back.
H)elp  O)ptions  P)rint  G)o  M)ain screen  Q)uit  /=search
```

O comando lynx é útil, especialmente porque é rápido e consome pouca memória. Ao contrário dos programas do ambiente gráfico também tem a vantagem que nele só exibe o essencial, tornando o acesso a determinados sites muito rápido.

Use a sintaxe básica para o comando lynx como abaixo:

    `%lynx` protocolo://url

mail

O programa mail é usado para enviar ou ler mensagens. Este é um daqueles utilíssimos "cacarecos do antiquário" que não pode faltar na vida, especialmente do administrador de sistema.

Existem atualmente poderosos programas gráficos com uma infinidade de recursos úteis. Esses programas são como o Eudora e o Menssager/Netscape, que são desenvolvidos para múltiplas plataformas operacionais que sem dúvida não podem faltar em nossas máquinas. Porque muitas vezes precisaremos enviar uma mensagem com formatação que se apresente agradavelmente aos olhos de quem queremos impressionar, coisa que o comando mail não faz. Porém, de forma alguma, a existência destes poderosos e completos programas podem ameaçar a soberania e eficiência do comando mail quanto às tarefas administrativas.

Ao abrir o programa mail, este move as mensagens do diretório /var/spool/mail/usuário para uma arquivo ascii no diretório ~/HOME chamado mbox. Ao chamar um terminal para o comando mail, este exibirá uma tela conforme o exemplo abaixo:

```
??
q                   quit
x                   exit without changing mail
p                   print
s [file]            save (dafault mbox)
w                   same without header
-                   print previous
d                   delete
+                   next (no delete)
m [user]            mail to user
! cmd               execute cmd
?_
```

A última linha da caixa acima exibe um prompt (?_) aguardando o comando do usuário, conforme o menu acima.

Use as teclas q, x, p, s, w, -, d, +, m, ! e ? para exercer as seguinte funções:

   q para sair

   x para sair sem salvar as mensagens no arquivo mbox

   p exibe de novo a mensagem

   s arquivo para salvar uma mensagem num arquivo qualquer

   w arquivo para salvar mensagem sem cabeçalho

   - para voltar uma mensagem

   d para apagar a mensagem atual

   + para ir para mensagem seguinte

m para enviar uma mensagem para alguém

! comando para executar algum comando Unix

? para exibir o menu novamente

Caso o usuário, use o comando m dentro do terminal, conforme dito acima ou construa uma linha de comando com o comando mail. Será solicitado o e-mail para destinatário, a seguir um título (subject) e por último será apresentada uma tela onde será digitado o conteúdo. Ao final, o usuário deve saltar uma linha teclando ENTER e digitando um "." (ponto). Ao teclar ENTER, a mensagem será enviada. Ao final da operação, o sistema emite a mensagem "EOF" confirmando o seu sucesso.

Use uma das sintaxes abaixo para o comando mail:

```
%mail fulano@link
%mail opções
```

Ao usar a primeira opção, você pode usar apenas o login dos usuários cadastrados na rede local. Para outras pessoas, use o e-mail completo. O usuário ainda pode anexar um arquivo qualquer, bastando para isso direcionar o arquivo com um chevrom (<).

As opções para a segunda sintaxe estão na tabela abaixo:

-p exibe todo o conteúdo do arquivo de mail e termina.

-q termina sem alterar o arquivo de mail.

-r inverte a ordem das mensagens exibidas.

-f arquivo anexa o arquivo no corpo da mensagem.

Para o sistema enviar um sinal sonoro quando você receber uma mensagem, habilite-o através do comando biff, use a opção –y para habilitar o sinal e desabilite com a opção –n. Para ver o status desta função no sistema, digite simplesmente biff no prompt do shell.

man

Este comando exibe um manual sobre determinado comando do Linux usando-se também o seu cliente para ambiente gráfico o comando xman.

Ao digitar o comando man, use as setas para rolar para cima e para baixo linha-a-linha, as teclas Page UP e Page Down para rolar as páginas ao final e a tecla q para sair do manual.

As páginas do manual residente do Linux estão organizadas em subdiretórios numerados dentro do diretório raiz /usr/man/. As numerações dos subdiretórios (/usr/man/man#) indicam o tipo da documentação, conforme a tabela abaixo:

1 sobre os comandos
2 sobre o sistema
3 sobre as bibliotecas de programação
4 sobre os arquivos especiais
5 sobre formatos de arquivos
6 sobre jogos
7 sobre macros de documentação
8 sobre administração do sistema
9 sobre o kernel

A sintaxe para o comando man é exibida a seguir:

```
% man opções comando
```

As principais opções para o comando man são apresentadas a seguir, contudo uma lista completa de opções se encontra no manual residente. Digite no prompt do shell man man para ler as páginas sobre este comando.

-k (palavra) Exibe os cabeçalhos que contém a palavra
-s   Exibe em tamanho pequeno
-c   Exibe em várias colunas

-f Exibe descrição resumida
-d Busca man no diretório especifico
-w Exibe a rota do manual

mesg

Este comando é usado para habilitar ou desabilitar permissões de recebimento de mensagens no terminal.

Atualmente, comandos como write e talk estão em desuso, já que existem outros programas mais interessantes como IRCs, ICQs e chats com abrangência muito maior.

O comando mesg permite ou nega abertura de terminais por outros usuários na rede local através dos comandos write e talk.

Quando o usuário digita no prompt do shell simplesmente mesg, ele recebe como resposta o status do sistema com uma das mensagens abaixo, conforme o caso:

- ◆ `is y` para habilitado
- ◆ `is n` para desabilitado

As opções para desabilitar ou habilitar o sistema para o recebimento de mensagens no terminal é y para sim e n para não. A sintaxe para o comando segue abaixo:

`%mesg` opção

mkdir (make directory)

Este comando é usado para criar diretórios. Quando o usuário cria um diretório novo com o comando mkdir, este diretório recebe dois elementos ocultos automaticamente. Este são o . (ponto) e o .. (dois pontos). Estes simbolizam ligações consigo e com o diretório pai. Sua sintaxe é:

`%mkdir` nome

more

Este comando é usado para paginar grandes arquivos e controlar fluxos de resultados exibidos por outros programas em pipeline.

Para paginar as telas de arquivos ou fluxo de programas em pipes use a tecla SPACEBAR. Para rolar a tela linha por linha, use a tecla ENTER para interromper o comando tecle q ou CTRL-C.

Use a sintaxe abaixo para rodar o comando more:

```
%more opções arquivo
```

As opções principais do comando more estão abaixo. A leitura do manual residente do Linux elucidará o leitor no uso nas demais:

-size   Ajusta o texto na janela no tamanho especificado

-c Limpa a tela antes de exibir o texto

-s Comprime o texto, eliminado os espaços vazios

+n Inicia o texto a partir da linha n

-f Exibe as linhas usando contador lógico.

mv (move)

Este comando é usado para alterar arquivos ou para mover arquivos ou diretórios para outro destino.

O usuário deve usá-lo com cautela ou os dados podem ser movidos para lugar nenhum e se perderem. Os riscos aumentam principalmente quando se roda o comando seguido da opção –f.

```
%mv opção arquivo destino
```

-i Usa modo interativo solicitando confirmação.

-f Usa modo forçado, substitui arquivos protegidos

-   Interpreta todos os argumentos.

nslookup

O comando nslookup é um programa que pesquisa determinadas informações numa rede ou máquina remota sobre pessoas, máquinas etc. Este programa vem junto com o pacote bind/dns.

Este comando é capaz de procurar em provedores quantas máquinas estão conectadas no servidor, quantos servidores secundários, seu hostnames e Ips, quem são as pessoas responsáveis pela administração do sistema, quem está cadastrado e seus e-mails correspondentes e muitas outras informações sobre serviços disponíveis, modo de acesso etc.

Observe que tais informações em cabeças mal-intencionadas e, é claro, bem preparadas podem causar sérios transtornos incalculáveis para a operacionabilidade do sistema.

Quando se procura uma máquina, usa-se o nslookup através de questões especificas e recursivas na hierarquia que começa no topo (root) da rede indo até o ramo mais baixo da árvore.

Para o funcionamento deste comando é necessário que tenha instalado o pacote bind/dns.

Quando você digita simplesmente o comando no prompt do shell, conforme o exemplo abaixo, o sistema responde exibindo uma tabela sobre a rede local seguindo do prompt ">" aguardando as diretivas.

```
%nslookup
Default Server:   localhost
Address:    127.0.0.1
>_
```

Solicite informações sobre determinado endereço. Como exemplo, vamos criar o seguinte endereço fictício teste.com.br. Para solicitar informações sobre este endereço digite a partir do prompt, conforme abaixo:

```
%nslookup
Default Server:   localhost
```

```
Address:   127.0.0.1
>teste.com.br
```

Você terá como resposta, o nome do servidor deste domínio, conforme abaixo:

```
%nslookup
Default Server:   localhost
Address:   127.0.0.1
>teste.com.br

Server: servidor.teste.com.br
Address: 111.11.111.111
>_
```

Agora que estamos de posse do nome do servidor do domínio poderemos usar as perguntas padrões através da variável set mais q=valor.

A leitura do livro Introdução ao Linux: como configurar e instalar o Linux no PC, desta mesma Editora, dará dicas precisas e pontuais sobre a instalação e também proporcionará a compreensão a nível prático das terminologias desta sessão, além de situar o leitor em muitas outras informações sobre redes, provedores etc.

> Atenção
>
> Os endereços e nomes que constarão a seguir são fictícios, com finalidades didáticas. Qualquer semelhança é mera coincidência.

O sistema estará preparado para dar as informações sobre os nomes deste servidor. O uso do comando ls listará todos os nomes das máquinas contidas na tabela do arquivo /etc/hosts.

```
> set q=any
> teste.com.br.
Server:    SERVIDOR.TESTE.COM.BR
Address:   111.11.111.11


prep.teste.com.br  CPU = dec/decstation-5000.25    OS = unix
prep.teste.com.br
    inet address = 11.111.0.11, protocol = tcp
    ftp   telnet   smtp   finger
prep.teste.com.br preference = 1, mail exchanger = saturno.
teste.com.br
prep.teste.com.br internet address = 18.159.0.42
teste.com.br              nameserver = apolo.teste.com.br
teste.com.br              nameserver = apolo-2.teste.com.br
teste.com.br              nameserver = apolo-3.teste.com.br
teste.com.br              nameserver = mercurio.com.br
teste.com.br              nameserver = jupiter.teste.com.br
teste.com.br              nameserver = saturno.teste.com.br

apolo.teste.com.br     internet address = 111.11.11.25
apolo-2.teste.com.br   internet address = 111.11.11.85
apolo-3.teste.com.br   internet address = 111.11.54.12
mercurio.com.br        internet address = 111.11.27.3
jupiter.teste.com.br   internet address = 111.11.49.8
saturno.teste.com.br   internet address = 111.11.54.13

> help
/var/named/nslookup.help not found
Commands: (identifiers are shown in uppercase, [] means
          optional)
NAME       - print info about the host/domain NAME using de-
fault        server
```

```
NAME1 NAME2          - as above, but use NAME2 as server
help or ?            - print help information
set OPTION           - set an option
  all                - print options, current server and host
  [no]debug          - print debugging information
  [no]d2             - print exhaustive debugging information
  [no]defname        - append domain name to each query
  [no]recurse        - ask for recursive answer to query
  [no]vc             - always use a virtual circuit
  domain=NAME        - set default domain name to NAME
  srchlist=N1[/N2/.../N6] - set domain to N1 and search list to
                            N1,N2, etc.
  root=NAME          - set root server to NAME
  retry=X            - set number of retries to X
  timeout=X          - set time-out interval to X
  querytype=X        - set query type to one of
  A,CNAME,HINFO,MB,MG,MINFO,MR,MX
  type=X             - synonym for querytype
  class=X            - set query class to one of IN (Internet), CHAOS,
                       HESIOD or ANY
server NAME          - set default server to NAME, using current de-
fault                  server
lserver NAME         - set default server to NAME, using initial server
finger [NAME]        - finger the optional NAME
root                 - set current default server to the root
ls [opt] DOMAIN [> FILE] - list addresses in DOMAIN (optional: output
                            to FILE)
  -a                 - list canonical names and aliases
  -h                 - list HINFO (CPU type and operating system)
  -s                 - list well-known services
  -d                 - list all records
```

```
-t TYPE    - list records of the given type (e.g., A,CNAME,MX,
etc.)
view FILE  - sort an 'ls' output file and view it with more
exit       - exit the program, ^D also exits
```

Solicite informações sobre determinado endereço, a efeito de exemplo vamos criar o seguinte endereço fictício teste.com.br. Para solicitar informações sobre este endereço digite a partir do prompt conforme abaixo:

```
>server unc.br
Default Server:   unc.br
Address:   165.41.101.4
```

Você terá como resposta, o nome do servidor deste domínio, conforme abaixo:

```
>set q=ns
> unc.br
Server:    unc.br
Address:   165.41.101.4


Non-authoritative answer:
unc.br   nameserver = solids.ibbmp.br
unc.br   nameserver = dns.unc.br
unc.br   nameserver = server1.pop-df.rnp.br

Authoritative answers can be found from:
solids.ibbmp.br inet address = 200.17.9.3
dns.unc.br         inet address = 165.41.101.4
server1.pop-df.rnp.br   inet address = 200.19.119.125
```

Agora que estamos de posse do nome do servidor do domínio poderemos usar as perguntas padrões através da variável set mais q=valor.

A leitura do livro Introdução ao Linux: como configurar e instalar o Linux no PC, desta mesma Editora, dará dicas precisas e pontuais sobre a instalação e também proporcionará a compreensão a nível prático das terminologias desta sessão, além de situar o leitor em muitas outras informações sobre redes, provedores etc.

Alguns dos valores possíveis para usar nas questões a serem usadas com a variável set são:

- any — informa tudo sobre o domínio
- mx — nome do Mail Server instalado no servidor
- ns — lista os nomes no servidor de domínio.
- SOA — informa sobre o servidor autoritário.

Por exemplo, use:

```
> set q=ns
```

O sistema estará preparado para dar as informações sobre os nomes deste servidor. O uso do comando ls listará todos os nomes das máquinas contidas na tabela do arquivo /etc/hosts.

```
> set q=any
> unc.br
Server:   unc.br
Address:  165.41.101.4

Non-authoritative answer:
unc.br   nameserver = dns.unc.br
unc.br   nameserver = server1.pop-df.rnp.br
unc.br   nameserver = solids.ibbmp.br
```

```
unc.br   preference = 10, mail exchanger = mail.unc.br
unc.br   inet address = 165.41.101.4
unc.br   origin = dns.unc.br
  mail addr = root.dns.unc.br
  serial=2000041102, refresh=3600, retry=900, expi-
  re=2593000, min=86400

Authoritative answers can be found from:
dns.unc.br         inet address = 165.41.101.4
server1.pop-df.rnp.br    inet address = 200.19.119.125
solids.ibbmp.br  inet address = 200.17.9.3
mail.unc.br        inet address = 165.41.101.3

> br.

Server:    unc.br
Address:   165.41.101.4

Non-authoritative answer:
br         nameserver = NS.DNS.br
br         nameserver = NS1.DNS.br
br         nameserver = NS2.DNS.br
br         nameserver = NS3.NIC.FR
br         nameserver = NS-EXT.VIX.COM
br         origin = NS.DNS.br
  mail addr = Hostmaster.REGISTRO.br
  serial=2000050500, refresh=7200, retry=3600, expi-
  re=604800, min=86400

Authoritative answers can be found from:
br         nameserver = NS.DNS.br
```

```
br          nameserver = NS1.DNS.br
br          nameserver = NS2.DNS.br
br          nameserver = NS3.NIC.FR
br          nameserver = NS-EXT.VIX.COM
NS.DNS.br           inet address = 143.108.23.2
NS1.DNS.br          inet address = 200.255.253.234
NS2.DNS.br          inet address = 200.19.119.99
NS3.NIC.FR          inet address = 192.134.0.49
NS-EXT.VIX.COM   inet address = 204.152.184.64
```

Vamos escolher um número entre este resultado, para nosso exemplo 143.108.23.2; então, solicitamos ao sistema confirmação do servidor:

```
> server 143.108.23.2
Default Server:  ns.DNS.BR
Address:   143.108.23.2
```

Solicitamos agora os nomes registrados:

```
> set q=ns
> ls
Server:   ns.DNS.BR
Address:  143.108.23.2

Authoritative answers can be found from:
unc.br   nameserver = DNS.unc.br
unc.br   nameserver = SERVER1.POP-DF.RNP.br
unc.br   nameserver = SOLIDS.Ibbmp.br
DNS.unc.br          inet address = 165.41.101.4
SERVER1.POP-DF.RNP.br   inet address = 200.19.119.125
SOLIDS.Ibbmp.br inet address = 200.17.9.3
>
```

Mais um exemplo. Solicitaremos informações sobre o servidor de número 200.19.119.99, como abaixo:

```
> server 200.19.119.99
Authoritative answers can be found from:
119.19.200.in-addr.arpa nameserver = SERVER1.POP-DF.RNP.BR
119.19.200.in-addr.arpa nameserver = STYX.IQM.UNICAMP.BR
SERVER1.POP-DF.RNP.BR    inet address = 200.19.119.125
STYX.IQM.UNICAMP.BR      inet address = 143.106.51.37
Default Server:  [200.19.119.99]
Address:   200.19.119.99
```

O mesmo resultado pode ser obtido usando não só o numero como também o nome. Veja o exemplo fictício abaixo.

```
> server DNS.unc.br
Default Server:  DNS.unc.br
Address:   165.41.101.4

> unc.br
Server:   dns.unc.br
Address:   165.41.101.4

Non-authoritative answer:
unc.br   nameserver = solids.ibbmp.br
unc.br   nameserver = dns.unc.br
unc.br   nameserver = server1.pop-df.rnp.br
Authoritative answers can be found from:
solids.ibbmp.br inet address = 200.17.9.3
dns.unc.br       inet address = 165.41.101.4
server1.pop-df.rnp.br   inet address = 200.19.119.125
>
```

Solicitaremos informações sobre o servidor solids.ibbmp.br como anteriormente:

```
> server solids.ibbmp.br
Default Server:   solids.ibbmp.br
Address:   200.17.9.3
>
```

No prompt do sistema, basta colocar o domínio que o sistema guarda o comando server e obtemos conforme abaixo:

```
> ibbmp.br
Server:   solids.ibbmp.br
Address:   200.17.9.3

ibbmp.br            nameserver = solids.ibbmp.br
ibbmp.br            nameserver = server1.pop-df.rnp.br
ibbmp.br            preference = 0, mail exchanger = solids.
ibbmp.br
ibbmp.br            origin = solids.ibbmp.br
  mail addr = root.solids.ibbmp.br
  serial=2000032801, refresh=13000, retry=7200, expire=3600000, min=86400
ibbmp.br            nameserver = solids.ibbmp.br
ibbmp.br            nameserver = server1.pop-df.rnp.br
solids.ibbmp.br inet address = 200.17.9.3
server1.pop-df.rnp.br   inet address = 200.19.119.125
>

> server solids.ibbmp.br
Default Server:   solids.ibbmp.br
Address:   200.17.9.3
>
```

Capítulo 9 - *Os comandos Linux*

Agora vamos conhecer todas as máquinas registradas no domínio. Este passo mostrará todas as máquinas registradas na rede sob o mesmo servidor, como exemplo logo abaixo:

```
> helios.fil.unc.br
Server:    localhost
Address:   127.0.0.1

Name:      helios.fil.unc.br
Address:   165.41.10.8

> server helios.fil.unc.br
Default Server:   helios.fil.unc.br
Address:   165.41.10.8
> set q=ns
> fis.unc.br
Server:    helios.fil.unc.br
Address:   165.41.10.8

fis.unc.br          nameserver = lithium.fis.unc.br
fis.unc.br          nameserver = helios.fil.unc.br
fis.unc.br          nameserver = lithium.fis.unc.br
fis.unc.br          nameserver = helios.fil.unc.br
lithium.fis.unc.br       inet address = 165.41.10.54
helios.fil.unc.br        inet address = 165.41.10.8
>

> set q=any
> fis.unc.br
Server:    helios.fil.unc.br
Address:   165.41.10.8
```

```
fis.unc.br          nameserver = lithium.fis.unc.br
fis.unc.br          preference = 10, mail exchanger = helios.fil.unc.br
fis.unc.br          origin = helios.fil.unc.br
  mail addr = postmaster.helios.fil.unc.br
  serial=200004181, refresh=3600, retry=60, expire=604800,
  min=43200
fis.unc.br          nameserver = helios.fil.unc.br
fis.unc.br          nameserver = lithium.fis.unc.br
fis.unc.br          nameserver = helios.fil.unc.br
lithium.fis.unc.br       inet address = 165.41.10.54
helios.fil.unc.br        inet address = 165.41.10.8
>

> set domain=fis.unc.br
> helios.fil.unc.br
Server:   helios.fil.unc.br
Address:  165.41.10.8

Name:    helios.fil.unc.br
Address: 165.41.10.8

>

> ls -a fis.unc.br
[helios.fil.unc.br]
valdas                      rtc4.fis.unc.br
cesar                       pcm.fis.unc.br
mmfis05                     X-fis.fis.unc.br
labflui                     lfm.fis.unc.br
calvo                       rtc6.fis.unc.br
```

Capítulo 9 - Os comandos Linux

```
nadih                   rtc3.fis.unc.br
sandra                  rtc2.fis.unc.br
alunos                  gtwserver1.fis.unc.br
grad1                   graduacao1.fis.unc.br
grad2                   graduacao2.fis.unc.br
land                    rtc5.fis.unc.br
otica                   leo.fis.unc.br
tho                     thorium.fis.unc.br
s1                      suns1.fis.unc.br
s2                      suns2.fis.unc.br
s3                      suns3.fis.unc.br
apcida                  mag.fis.unc.br
wtair                   wvm1.fis.unc.br
hel                     helios.fil.unc.br
rbi                     ied.fis.unc.br
hl3                     tritium.fis.unc.br
xel                     xenon.fis.unc.br
malil                   ksn.fis.unc.br
cwww                    tritium.fis.unc.br
lim                     lithium.fis.unc.br
cftp                    helios.fil.unc.br
>

set domain=fis.unc.br
>ls -d fis.unc.br

[helios.fil.unc.br]
fis.unc.br.                     SOA    helios.fil.unc.br
postmaster.helios.fil.unc.br. (2000041 81 3600 60 604800
43200)
fis.unc.br.                     NS     lithium.fis.unc.br
```

```
fis.unc.br.                        NS    helios.fil.unc.br
fis.unc.br.                        MX    10    helios.fil.unc.
br
thorium                            A     165.41.10.151
lab12                              A     165.41.10.93
lab13                              A     165.41.10.94
lab14                              A     165.41.10.95
phobos                             A     165.41.10.174
lab15                              A     165.41.10.96
noe                        A       165.41.10.156
lab16                              A     165.41.10.97
microcd                            A     165.41.10.155
fis.unc.br.                        SOA   helios.fil.unc.br
postmaster.helios.fil.unc.br. (2000041 81 3600 60 604800
43200)
>
```

Para buscar informações sobre máquinas numa rede, use a sintaxe:

`%nslookup` - endereço

passwd

Este comando permite alterar ou instalar uma senha para determinada conta. Em muitos sistemas Unix-Like, especialmente em algumas versões e distribuições de Linux, o sistema pode exigir uma senha ou não, nas novas contas criadas. No segundo caso, o usuário deve ser obrigado a instalar uma senha para logar no sistema, assim como alterar de tempos em tempos a senha antiga.

Conforme a política administrativa adotada quanto à segurança do sistema, o Administrador terá constantes aborrecimentos com usuários incautos, que esquecem suas senhas, trancam suas contas etc. Além de tudo, por medidas de segurança os administradores programam o sistema para trancar a conta após três a cinco tentativas sem sucesso.

Uma boa maneira de abreviar problemas deste tipo é estabelecer que após três tentativas de logon mal sucedidas a conta seja trancada por um período inferior a três horas e superior a quarenta minutos. Além de manter o sistema seguro, evita os aborrecimentos de usuários solicitando a reabilitação de suas contas trancadas.

Quanto à senha, o administrador deve programar o sistema para aceitar acima de doze e abaixo de dezoito caracteres alfanuméricos. É claro que alguns sistemas Unix não permitem ir muito além de oito caracteres alfanuméricos (default), porém existe um método para alterar isto.

É claro que as observações anteriores são óbvias demais; entretanto, meus ouvidos estão doidos para ouvir reclamações de alguns amigos que são administradores de sistemas que pecaram neste simples item. A questão seguridade do sistema há muito que me preocupar e foge do escopo deste capítulo. Quando o assunto é segurança, temos que pensar em detalhes e mais detalhes, tais como encriptação, trocar o arquivo passwd pelo shadow--passwd, firewall, satan etc.

O administrador de sistemas deve ficar atento ao máximo quanto à escolha da senha dos usuários de seu sistema.

A orientação para os usuários escolherem senhas seguras deve ser prioridade durante a abertura de contas, tanto quanto possível no destrancamento das contas em modo "lock".

As melhores senhas devem conter, além dos valores alfanuméricos, uma combinação de maiúsculas e minúsculas, espaços, caracteres especiais. E, se o número de caracteres aumentar, as probabilidades de descobrir uma senha seria uma em centenas de trilhões de não conseguir por métodos convencionais, como por exemplo $(2 \times 26+10)^8$, ou $(2 \times 26+10)^{12}$, ou $(2 \times 26+10)^{18}$....

Outra medida a ser tomada, é qualidade da senha escolhida pelo usuário. Esta não deve ser constituída por número de documentos, nomes de parentes, endereços, datas e, sob nenhuma hipótese, o nome da conta ou do usuário e muito menos de esposa, filhos etc. A senha deve conter caracteres e metacaracteres escolhidos aleatoriamente.

Lembre-se: um bom word-lister gera dicionário tipo ascii com capacidade acima 240 Mb em palavras com valores alfanuméricos. Estes dicionários, além de serem gerados por combinações do programa, também permitem ao invasor colocar nas primeiras linhas todo e qualquer nome que possa assemelhar-se a uma senha da conta alvo. Agora imagine então qual a probabilidade de um invasor acertar uma senha óbvia de um usuário incauto?

Para alterar ou instalar uma senha no sistema, digite a partir do prompt, a seguinte sintaxe:

```
%passwd
%passwd fulano
```

A primeira sintaxe é geral e serve para qualquer usuário, enquanto a segunda é exclusiva para uso do root para alterar, adicionar etc a senha.

Ao alterar a senha, o usuário deve lembrar a senha antiga e repetir, conforme a interatividade do sistema, a nova senha duas vezes.

pico

O pico é um editor de texto que vem junto com o pacote do pine. Sua facilidade supera os demais editores residentes como ed, joe, vi e até mesmo o poderoso emacs. Seus poucos recursos não permitem ao usuário passar da edição em modo texto.

Será dito mais sobre o pico no capítulo que trata sobre edição de textos. Por enquanto, contente-se com o pouco contido aqui. A sintaxe para o comando pico é:

```
%pico nomedoarquivo
```

Capítulo 9 - Os comandos Linux

pine

Este comando roda o aplicativo de caixa de correio eletrônico pine. Tal como o comando mail, com a diferença que o pine possui alguns recursos a mais, o pine é com certeza um dos melhores mailers para usuários logados remotamente. Mesmo possuindo o visual terminal texto, sua apresentação é agradável e fácil de usar, configurar etc.

Leia mais sobre o pine no capítulo referente à Internet. Use a sintaxe básica para este comando, conforme abaixo:

```
%pine
```

ping

Este comando envia pacotes de teste para uma máquina remota. A seguir, analisa os resultados devolvidos pelo mesmo. Estes resultados são tempo de resposta, número de pacotes em bytes por unidade de tempo em milisegundos. O comando ping exibe as informações de rede sobre a máquina solicitada.

Por exemplo, para saber se a rede está configurada corretamente em sua máquina solicite, pelo comando ping, mais o IP local, conforme abaixo:

```
%ping 127.0.0.1
```

O resultado será:

Para obter informações sobre rede em determinado computador, transmissões de pacotes e estatísticas, use o ping seguido do endereço IP ou DNS, seguindo do comando Ctrl-C, para sair.

```
%ping 200.210.80.70
```

Use o comando ping para verificar a vericidade de determinados nomes e IPs de máquinas remotas, ou para descobrir o IP de determinado DNS etc.

pr

Este comando imprime na tela o arquivo com paginação, como o comando more, só que em aspectos mais agradáveis.

Comando pr formata as páginas na dimensão 72 colunas por 66 linhas, além de exibir as linha iniciais com data e hora, última modificação e número da página. E, ao final da página, exibe as últimas cinco linhas em branco.

As opções para o comando pr seguem na tabela abaixo:

-a Exibe colunas no sentido horizontal.

-d Formato com espaçamento duplo entre as linhas.

-h "texto" Substitui o arquivo por um texto na linha de comando que estiver entre aspas.

-l n Formata o número de linhas na página para o valor n.

-n Formata a tela com n colunas. A largura da coluna diminui à medida que n aumenta. Se n for muito grande pode haver algum truncamento.

+n Imprime a página n saltando as n-1 páginas seguintes.

-r Omite mensagens de erro.

-s Separa as colunas com um TAB.

-t Não exibe as linhas de cabeçalho e rodapé.

-w n Formata a largura da página para o valor n.

Com a finalidade de obter resultados agradáveis em saídas de outros comando, usar o comando pr concatenados com outros comandos é uma boa saída, tais como o comando grep, cat etc. Uma maneira inteligente do uso deste comando é concatenar com lpr para enviar para impressora textos e resultados.

ps (process status)

Este comando informa a respeito do status dos processos no sistema. Os processos são programas que estão sendo executados e que possuem um conjunto de recursos. Com exceção do kernel, tudo que for executado pelo Linux é denominado por processo.

Toda vez que se digita a partir do prompt do shell um comando, este gera novos processos. A partir do Shell, todo processo é chamado de bifurcação, pois este sempre se divide em dois.

As possíveis informações obtidas com o comando ps são tais como abaixo:

UID   Identifica a ID do usuário ou sistema que iniciou o dono do processo.

PID   Identifica o número de ID do processo.

PPID   Identifica o pai do processo.

STIME   Indica a hora em que o processo foi iniciado.

TTY   Indica o terminal que controla o processo, quando contém o caractere ? (interrogação), significa que o processo não tem um terminal de controle.

TIME   Indica o tempo total de execução do processo.

COMMAND   Descreve o nome do processo, indicando o comando executado e seus argumentos.

F   Informa sobre os flags associados aos processos em formato octal, tal como os valores abaixo:
01 significa em memória.
02 significa processo do sistema.
04 significa bloqueado em memória (I/O).
10 significa em permutação.
20 significa sendo rastreado por outro processo.

S   informa sobre o status dos processos, seus valores possíveis são conforme abaixo:
S significa processo dormindo.
W significa processo esperando.

Capítulo 9 - Os comandos Linux |99

	R significa processo em execução. I significa processo intermediário. Z significa processo terminado. T significa processo parado.
CPU	Informa sobre o uso da CPU.
PRI	Informa sobre o grau de prioridade dos processos. Quanto maior o número menor a prioridade.
NICE	Informa a respeito da contagem das prioridades dos processos.
ADDR	Informa sobre os endereços de memória ou disco dos processos.
SZ	Informa sobre o tamanho dos processos na memória.
WCHAN	Informa sobre espera de um processo para execução de certos recursos do sistema operacional.

As informações acima são exibidas conforme a construção da linha de comando para o comando ps. A sintaxe para o comando ps pode ser usada conforme a sugestão abaixo:

```
%ps opções argumentos
```

Onde as opções podem ser conforme a tabela abaixo, que exibe alguma das variadas opções deste comando. A leitura do manual residente do sistema ajudará no aproveitamento:

-a Exibe todas os processos.

-l Exibe informações sobre cada processo.

-x Exibe todos os processos dos sistema.

-t lista   Exibe os processos associados aos Terminais.

-u lista   Exibe os processos associados ao usuário.

-p lista   Exibe os processos especificados na lista.

-g lista   Exibe informações sobre os processos lideres de grupos.

-f Exibe uma lista completa sobre dos processos.

Além dos processos iniciados pelos usuários ainda temos os processos de sistemas. Os processos de sistemas são os daemons que geralmente executam em background e não possui um terminal associado. Estes processos tem PID 0 (zero) e 1 (um). Porém, nem todo daemon faz parte dos processos especiais numerados por PID 0 e 1.

Para finalizar um processo qualquer, use o comando kill. Leia sobre isto nas notas antecedentes deste capítulo.

A seguir, a demonstração dos processos que estão sendo rodados pelo root:

```
#ps axu|grep root
```

```
root   1    0.3  1.1  848  340  ?S  09:02  0:01 init
root   86   0.0  1.0  844  328  ?S  09:02  0:00 /usr/sbin/crond -l10
root   103  0.0  1.0  852  324  ?S  09:02  0:00 gpm -t ms
root   104  0.0  2.2  1256 704  1S  09:02  0:00 -tcsh
root   105  0.0  0.9  840  296  2S  09:02  0:00 /sbin/agetty 38400 tt
root   106  0.0  0.9  840  296  3S  09:02  0:00 /sbin/agetty 38400 tt
root   107  0.0  0.9  840  296  4S  09:02  0:00 /sbin/agetty 38400 tt
root   108  0.0  0.9  840  296  5S  09:02  0:00 /sbin/agetty 38400 tt
root   109  0.0  0.9  840  296  6S  09:02  0:00 /sbin/agetty 38400 tt
root   138  0.0  1.5  1124 480  1S  09:07  0:00 sh /usr/X11/bin/start
root   139  0.0  2.0  1892 624  1S  09:07  0:00 xinit /usr/X11R6/lib/
root   140  1.2  12.5 9856 3872 ?S  09:07  0:02 X :0
root   141  0.1  5.8  3608 1792 1S  09:07  0:00 mwm
root   144  1.3  10.9 4196 3364 1S  09:07  0:02 /usr/bin/tkdesksh /us
root   153  0.1  4.7  2440 1460 1S  09:07  0:00 xterm -T XTerm -sb
root   154  0.0  2.0  1232 636  p0S 09:07  0:00 -csh
root   155  0.7  14.1 6440 4364 p0S 09:07  0:01 /usr/local/
                                                 maple/bin_
```

Capítulo 9 - Os comandos Linux

```
root      168  0.2  2.9  1828  920 p0S09:07  0:00 lks
root      169  0.0  2.0  1984  632 p0T09:08  0:00 pine
root      183  0.0  1.2   884  372 p0R09:10  0:00 ps aux
root      184  0.0  0.1   100   44 p0R09:10  0:00 grep root
```

pwd (print working directory)

Esse comando informa a rota do diretório presente.

O Linux possui o diretório pai simbolizado por \ (root), a partir deste diretório raiz todos os demais diretórios são submissos a ele. Os principais diretórios a partir do diretório root "\" são:

bin Este diretório contém arquivos binários essenciais do sistema.
boot Este diretório contém arquivos de inicialização do sistema.
dev Este diretório contém arquivos de dispositivos de entrada e saída.
etc Este diretório contém arquivos de configuração do sistema.
home   Este diretório contém os diretórios locais dos usuários comuns.
lib Este diretório contém arquivos das bibliotecas compartilhadas.
mnt Este diretório contém ligações de montagem.
opt Este diretório contém aplicativos.
proc Este diretório contém informações do kernel e do sistema.
root Este diretório é o diretório local da conta root (superusuário).
sbin Este diretório contém arquivos de sistema.
tmp Este diretório contém arquivos temporários.
usr Este diretório contém os arquivos gerais.
var Este diretório contém informações variadas.

Para rodar o comando pwd, você necessariamente não precisa de uma sintaxe especial. Basta digitar num promot do shell conforme o comando abaixo:

$pwd

Use o comando pwd associado ao comando cd para ter certeza de onde você esteja, para encontrar rotas completa, use também o comando echo.

reboot

Este comando reinicia a máquina. E finaliza os processos e não desmonta os dispositivos montados durante a inicialização. Sua ação pode ser associada ao conjunto de teclas Ctrl+Alt+Del. O que geralmente se encontra como default para algumas distribuições. Para habilitar ou desabilitar esta função do conjunto de teclas, edite o arquivo /etc/inittab.

O arquivo /etc/inittab é um arquivo que direciona as ações do daemon initd. O initd tem como programa o /usr/sbin/init, que é um scrit responsável pela execução dos comandos do daemon. No exemplo abaixo, encontram-se algumas linhas do arquivo /etc/inittab para explicar a associação do comando reboot com as teclas CTRL+Alt+Del. No script abaixo, o caractere "#" serve para fazer comentários, ou seja, o sistema ignora tudo que contém a linha onde este se inicia.

```
#/etc/inittab arquivo das ações do initd
# What to do at the "Three Finger Salute".
ca::ctrlaltdel:/sbin/reboot

# Runlevel 0 halts the system.
l0:0:wait:/etc/rc.d/rc.0
# Runlevel 6 reboots the system.
l6:6:wait:/etc/rc.d/rc.6
# End of /etc/inittab
```

Entretanto, ainda o sistema tem como opção para executar tal função o comando shutdown, que pode ser mais abrangente em suas variadas opções. Veja a seguir.

Para reiniciar a máquina, digite no prompt o comando reboot, conforme abaixo:

```
%reboot
```

rm

Este comando é usado para remover arquivos do sistema. O comando rm deve ser editado no arquivo de configuração local do shell com opções interativas, a fim de evitar perdas desastrosas na execução deste. Uma vez executado este comando, os dados apagados não podem retornar.

Alguns artifícios para evitar a perda acidental de dados podem ser usados quanto ao comando rm. A primeira delas é criar um alias (apelido) no arquivo de inicialização do shell para o Bourne Shell (bash) o arquivo é .bash_profile para o shell C (csh) o arquivo é .cshrc ou simplesmente edite o ~/HOME/.profile. Além da leitura do comando alias, o exemplo abaixo contém algumas linha de arquivo de inicialização do shell, elucida esta operação:

```
# linhas do arquivo de configuração do shell
alias rm = "rm -i"
# End of script
```

Outro artifício é criar um arquivo ou diretório lixeira. De modo que sempre que for usado o comando rm, os arquivos ou diretórios sejam movido para esse arquivo ou diretório temporariamente até que seja removido. Porém neste método há o inconveniente de sobrecarga do espaço no disco rígido.

O comando rm possui quatro opções para construção de linhas de comando:

- -f Remove todos os objeto forçosamente.
- -r Remove recursivamente todos os objetos do diretório, mais o diretório.
- -i Remove interativamente os objetos.
- -   Remove todos os argumentos como nome de arquivos.

rmdir

Esse comando é usado para remover somente diretórios vazios e é uma forma relativamente segura de remover diretórios, porém possui muitas inconveniências, além de não remover diretórios protegidos, o usuário ser obrigado a remover os subdiretórios e arquivos, existe o fator perda de tempo.

shutdown

Como o comando reboot, este comando encerra todas as atividades do Linux e prepara a máquina para ser reinicializada ou desligada.

O comando shutdown é muito mais abrangente que o comando reboot e muito mais seguro no modo de execução.

O inconveniente de usar diretamente o reset ou power da máquina é que sistema mantém leituras e gravações do disco na memória. Isto significa que uma interrupção súbita não grava os buffer da memória no disco rígido e estes dados serão perdidos ou danificados.

O shutdown permite a sincronização dos buffers e a velocidade dos discos, permitindo assim que os processos sejam finalizados sem danos aos programas, pois haverá uma contagem regressiva até o momento da finalização.

Para reinicializar imediatamente, use a linha de comando conforme abaixo:

    %shutdown -r now

Para programar o sistema para um determinado tempo, use a sintaxe abaixo:

    %shutdown -r +tempo "mensagem de aviso"

O tempo é dado em minutos ou horas. Para o caso de horas, separe os dígitos por ":" (por exemplo 11:00). Também pode ser configurado o arquivo de inicialização de sistema /etc/inittab para obter a seqüência de teclas CTRL+Alt+Del para executar o comando shutdown num prazo determinado, conforme o exemplo abaixo:

    # /etc/etc/inittab   algumas linha de exemplo.
    # What to do at the "Three Finger Salute".
    ca::ctrlaltdel:/sbin/shutdown -t5 -rfn now

    # Runlevel 0 halts the system.
    l0:0:wait:/etc/rc.d/rc.0

```
# Runlevel 6 reboots the system.
16:6:wait:/etc/rc.d/rc.6

# What to do when power fails (shutdown to single user).
pf::powerfail:/sbin/shutdown -f +5 "THE POWER IS FAILING"

# If power is back before shutdown, cancel the running shutdown.
pg:0123456:powerokwait:/sbin/shutdown -c "THE POWER IS BACK"

# If power comes back in single user mode, return to multi user mode.
ps:S:powerokwait:/sbin/init 5

# End of /etc/inittab
```

Algumas opções que possibilitam a edição da linha de comando para o comando shutdown se encontra na tabela abaixo:

-r Informa ao sistema o tempo de parada.

-h Informa ao sistema que seja interrompido após finalizar.

-c Cancela a execução do shutdown.

-k Imprime mensagens de aviso.

sort

Este comando classifica ou combina nomes num arquivo. Ele ordena os nomes ignorando os espaços e tabulações. Sua disposição baseia-se nos caracteres ASCII na seqüência:

```
!"#$%&'()*+,-./0123456789:;<=>?@ABCDEFGHIJKLM
NOPQRSTUWVXZ[\]^_`abcdefghijklmnopqrstuwvxz{|}~
```

O comando short seleciona os nomes por campos. Os campos são coleções de caracteres e são numerados a partir de 0 (zero).

Primeiro	Segundo	Terceiro	Quarto
0	1	2	3

A sintaxe para o comando short pode ser como abaixo:

```
%sort opções argumentos arquivos
```

Algumas das possíveis opções para o uso eficiente desse comando estão na tabela abaixo:

-b Ignora tabulações e espaços no início das linhas.

-d Ordena letras, dígitos e espaços.

-f Ignora distinção entre maiúsculas e minúsculas.

-n Ordena segundo o primeiro campo numérico.

-r Inverte a seqüência de ordenação.

-u Omite linhas duplicadas no resultado.

-i Ignora caracteres ASCII não imprimíveis.

-m Intercala arquivos ordenados.

-o nome Grava os resultados no arquivo nomeado.

spell

O comando spell verifica ortografia na língua inglesa. Este comando é um script shell que direciona programas que processam strings em um documento.

A sintaxe para o comando spell se encontra abaixo:

```
%spell opções arquivo
```

Algumas da opções do comando spell se encontram na tabela abaixo:

-v Exibe palavras derivadas das palavras no dicionário.

-b Usa o dicionário de ortografia britânica.

-x Exibe todos os radicais possíveis.

startx

Este comando inicia o X-Window Sistem Gerenciador, colocando o sistema em ambiente gráfico. Evidentemente que o usuário deva estar em modo terminal para rodar este comando.

stty

Este comando define o modo do terminal, ou seja, permite a conexão entre o sistema operacional e o terminal do usuário. Além desta função principal, ele oferece algumas funções úteis, tais como exibir ou alterar os paramentos do terminal, de drivers etc.

A sintaxe para o comando stty segue abaixo:

```
%stty opção modo
```

Algumas das possíveis opções que o usuário pode usar para fazer a composição da linha de comando estão na tabela abaixo:

vazio	Exibe a velocidade de comunicação e os modos.
-a	Exibe todas as definições atuais de modos.
all	Exibe os valores de modo comumente usados.
-g	Exibe as definições atuais dos modos em um formato para uso como argumento do stty.
everything	Exibe todos os valores.

O usuário pode usar inteligentemente o comando stty para atribuir funções a teclas, ou mesmo alterar as existentes ao seu gosto. Esta prática é desaconselhável para o usuário com pouca prática, a fim de evitar certas desordens do sistema.

No Linux, alguns comandos estão associados ao teclado como tais CTRL+d apaga um caractere anterior, CTRL+c para interrupções etc.

Para atribuir este tipo de função, use conforme o exemplo abaixo:

```
%stty erase '^h' cp '^l'
```

su

Este é um daqueles comandos que além de útil também é uma saída inteligente para pessoas com privilégios especiais administrativos no sistema.

Após logar como usuário comum, use o comando su para entrar em modo superusuário sem sair da console atual. É claro que lhe será solicitado a password de root.

Este modo permite que o sistema seja administrado com muitas das funções de superusuário sem que o sistema esteja vulnerabilizado quando se loga diretamente com a conta de root. Isto porque este modo de logar limita o superusuário a operações que não comprometem o sistema.

tail

Este comando exibe as últimas linhas de um arquivo, sem que o usuário passe por todo arquivo. Oposto ao comando head (leia a seção deste comando neste capítulo) que mostra as primeiras linhas de um arquivo, esse comando permite o usuário obter além das últimas linhas o acesso a determinadas informações sobre o numero de linhas solicitadas, como quantidade de caracteres, tamanho do bloco e número de linhas, sua sintaxe segue abaixo:

```
% tail -n arquivo
```

Capítulo 9 - Os comandos Linux | 109

Algumas das opções que lhe auxiliará a construção de linha do comando tail segue abaixo:

-n? Exibe as últimas n de linhas do arquivo. Onde? Pode assumir os seguintes valores:
    l   conta a quantidade de linhas
    b   conta a quantidade de blocos
    c   conta a quantidade de caracteres

-r Exibe as linhas na ordem inversa.

talk

Este comando permite que usuários conversem entre si através de um terminal.

Para saber quem está logado numa rede ou no servidor, use o comando finger. O comando finger exibirá os nomes que poderão ser usados pelo comando talk.

Quando um usuário-01 deseja conversar com outro usuário-02, a partir do prompt do shell ele digita conforme abaixo a solicitação ao usuário-02:

```
[thorium]%talk usuário-02
```

O usuário-02 receberá a mensagem em seu terminal em uso:

```
Message from Talk_Daemon@thorium at 20:30 ...
talk: conection requestion requested by usuário-01@thorium
talk: respond with: talk usuário-01@thorium
```

Se o usuário-02 responder em seu prompt o comando solicitado talk usuário-01@thorium, a conexão será estabelecida e um terminal divido em duas partes será aberto, o que permitirá aos usuários conversar usando o teclado.

Para sair, basta aperta simultaneamente as teclas Ctrl-C.

Entretanto, não use este comando a menos que você conheça o usuário do outro lado ou tenha certeza que este não esteja muito ocupado em suas tarefas. Use o comando write (leia sobre este comando na secção correspondente) antecedendo o comando talk, solicitando permissão para estabelecer o contato.

tar

O comando tar é usado para armazenar vários arquivos e diretórios em um único arquivo *.tar, a fim de reduzir o espaço ocupado no disco. O uso da compactação deste arquivo torna-se útil e eficiente.

Leia a secção Compactar e Empacotar, descrita anteriormente.

tee

Este comando funciona como um filtro em conexões com vários comandos. Ele atua como um ponto de interseção entre comandos, observando os fluxos de dados em um pipeline (| = pipe).

O tee envia dados de comando01 para comando02 sem alterar os dados e ainda desvia os dados para um arquivo cópia, funcionando como um "T".

A sintaxe para este comando segue abaixo:

```
%tee opções arquivo
```

As opções para este comando estão na tabela abaixo:

   -i   Ignora sinal interrupção.

   -a   Acrescenta dados a arquivos sem reescrevê-los.

telnet

Este comando emula um terminal remoto em modo texto. Possibilitando a conexão em outros computadores numa rede especialmente em Sistemas Operacionais Unix-like.

O usuário solicita uma conexão em um sistema remoto e após estabelecer a conexão, este solicitará o login e password. O usuário só terá acesso ao um shell se no sistema solicitado este estiver devidamente cadastrado.

Uma vez conectado, o usuário poderá usar a máquina da mesma maneira que usa uma máquina local. Pode ler se enviar e-mail, navegar na Internet, executar determinados programas, executar os principais comandos. Porém, sempre limitado ao modo texto e aqueles programas próprios para o modo texto.

Ainda hoje há alguns provedores que oferecem serviços anonynous via telnet, através da já em desuso BBS (Bulletin Board System). Neste caso não é necessário cadastro prévio no sistema, basta que o usuário entre com o login anonymous e o password guest ou então com os dados predefinidos na tela de logon.

O modo de conexão via telnet possui certos inconvenientes quanto à segurança do sistema. Muitos administradores de sistema o substituem pelo ssh (Security Shell), que permite conexões mais seguras usando métodos de encripitação. Sobre o SSh será discutido mais adiante na ocasião mais oportuna.

O daemon responsável por atender às autenticações de telnet no Linux é o telnetd.

O Linux possui em seus manuais residentes suficiente material para compreensão do telnet. Ainda o usuário possa passar os olhos rapidamente pelos principais comando e informação resumidas usando o help do Linux.

A sintaxe para o comando telnet é:

    %telnet máquina.host

Ou pode também usar a sintaxe abaixo:

    %telnet adressIP

tr

Este comando é usado para converter caracteres, ou melhor, trocar um conjunto por outro.

A sintaxe para o comando tr segue abaixo:

```
%tr opção grupo01 grupo02
```

Algumas opções abaixo colaboram para a construção da linha de comando:

- -c Leva em consideração todos os caracteres, exceto aqueles em opção01.
- -d Elimina os caracteres especificados em opção01, ignorando a opção02.
- -s Comprime a seqüência de caracteres repetidos da opção02.

traceroute

Este comando exibe a rota que pacotes percorrem de uma máquina local até uma determinada a máquina remota. É largamente usado por usuários de protocolos Word Wide (www) especialmente para medida de tempo em downloads etc.

A sintaxe para o comando traceroute é:

```
%traceroute host
```

tty

tty é mais um daqueles acrônimos em inglês da linguagem da informática, que significa Teletype Terminal, mas indica um terminal em uso por um dispositivo ou um usuário.

Toda vez que é iniciada uma sessão no Linux, a este é associado um terminal denominado tty??, com um arquivo no diretório de dispositivos /dev/tty??.

Digitando o comando tty a partir do prompt de um shell o usuário se informa do nome de seu terminal em uso.

```
% tty
```

uniq

Este comando lê um arquivo ordenado e compara as suas linhas adjacentes repetidas removendo-as.

Com a finalidade de obter um resultado preciso, o comando uniq deve acompanhar em um pipe o comando short. Caso o leitor não esteja lembrado, o comando short ordena as linhas do arquivo.

```
%uniq opções arquivo_original arquivo_cópia
```

A opções para o comando uniq estão na tabela abaixo:

- -c Exibe as ocorrências em suas precedências.
- -d Exibe somente linhas que estejam repetidas no arquivo_original.
- -u Exibe somente linhas que não estejam repetidas no arquivo_original.
- -n Ignora os n primeiros campos e espaços precedentes na comparação.
- +n Ignora os n primeiros caracteres e espaços precedentes na comparação.

vi

Se você faz parte da nova geração de usuários de sistemas Unix-Like, este comando não será um dos mais usados. Isto porque o número de editores de textos com interface gráfica para Linux aumentou consideravelmente, ou em último caso, talvez você prefira usar o editor pico por ser sua operação mais simples.

Muito foi dito na sessão referente à edição de textos. Naquela sessão, o leitor irá encontrar as principais e melhores dicas para usufruir as potencialidade desta poderosa ferramenta de maneira inteligente.

wc

Este comando faz a contagem em unidade do conteúdo de um arquivo, linhas, caracteres e palavras.

```
%wc opção arquivo
```

Digitando o comando wc sem qualquer opção, o usuário terá como resultado o número de caracteres, palavras e linhas.

Algumas das opções deste comando estão na tabela abaixo; entretanto, para maior profundidade leia o manual residente de seu Linux.

- -l   Exibe o número de linhas.
- -w   Exibe o número de palavras.
- -c   Exibe o número de caracteres.
- -p   Conta o número de páginas em arquivo.
- -t   Exibe estimativa do tempo para a resultado.

whereis

Este comando localiza e exibe o PATH de arquivos. Ele é muito menos complexo e muito menos eficaz que o comando find, porém, para casos simples e imediatos, cumpre seu papel razoavelmente bem. A sintaxe para este comando segue logo abaixo:

```
%whereis arquivo
```

who

Este comando informa quem está usando o sistema. Para sistemas multiusuários como o Linux, este comando torna-se um auxiliar interessante.

Além do nome dos usuários logados, ele também informa os terminais que estes usam, a hora de abertura da sessão, o PID e muitas outras informações, de acordo com a opção utilizada na linha de comando.

```
%who opção
```

A principais opções estão na tabela abaixo:
- -a Exibe todas as informações.
- -b Exibe a data e a hora em que o sistema foi ligado.
- -l Exibe os terminais não estão em uso.
- -T Exibe a permissão de mensagens para os usuários logados.
- -t Exibe a última modificação do relógio.
- -s Exibe uma tabela de informações resumidas.

Para se informar sobre si mesmo no sistema, basta que o usuário use a variante whoami.

Outra variante é digitar simplesmente w a partir do prompt de shell. Da mesma maneira, este comando listará os usuários que estão logados no sistema.

write

Este comando envia mensagem a outro usuário logado no sistema. Este comando é mais discreto que os demais comandos de comunicação de usuários no sistema.

O comando talk, que chama o outro usuário a abrir um terminal para conversa em tempo real via teclado, muitas vezes é um inconveniente no sistema, a menos que o usuário tenha certeza que o outro usuário esteja ocioso no outro terminal.

A vantagem do write está no fato que este envia a mensagem para o terminal em uso do outro usuário e este pode responder com o mesmo comando e assim, estabelecer uma comunicação, se quiser.

Solicite ao sistema pelo comando who informações de quem está conectado no sistema e a seguir construa a linha de comando conforme a sintaxe abaixo para o comando write:

```
%write usuário
```

Após isto, digite o texto finalizando a mensagem com CTRL+D. O sistema responde com a mensagem EOF (End of File), confirmando que a operação foi executada.

Caso o outro usuário esteja com mais de um terminal aberto, construa a linha de comando usando o terminal especifico em que a mensagem deva chegar informando o terminal com tty?? (onde ?? é numero do terminal), o exemplo abaixo ilustra este modo de construção da linha de comando:

```
%write usuário tty??
```

Como este comando é de uso em tempo real, enquanto o usuário emitente estabelece uma comunicação com o outro usuário do sistema, é possível executar as tarefas no mesmo terminal sem prejuízo. Basta que o usuário digite !comando, que o sistema executa o comando sem que o outro usuário veja o que esteja acontecendo em sua sessão.

O usuário ainda pode enviar um arquivo com o conteúdo da mensagem já predefinido, sem que necessariamente tenha que redigi-la como na linha de comando anterior, basta que este construa a linha de comando conforme o exemplo abaixo:

```
%write usuário tty??   arquivo
```

Entretanto, as funções do comando mesg também são válidas para o comando write, ou seja, se o outro usuário quer ou não receber este tipo de mensagem no seu terminal. Esteja atento quando rodar o comando who para obter informações sobre os usuários conectados no sistema. Caso todos os usuários tenham bloqueado a aceitação de mensagem provenientes dos comandos talk e write, e você esteja obstinado em entrar em contato com determinado usuário, não desista: envie uma mensagem pelo comando mail.

xterm

Este comando abre uma janela gráfica tipo VT100 com um shell. Ao contrário do que afirmam certos livros, o xterm não é emulador de terminal, ele é apenas um cliente de ambiente gráfico que abre uma seção terminal em modo texto.

O xterm possui numerosos recursos que permitem ao usuário variar o modo de exibição do terminal, tais como colorir o fundo, as fontes etc.

Um arquivo de configuração exclusivo pode ser criado na conta do usuário para personalizar o xterm ou simplesmente o usuário pode também definir suas opções no arquivo de inicialização .Xdefaulfs. Este arquivo permite a você habilitar uma barra de rolagem, cor de bordas, dimensões do terminal na tela, fontes, primeiro e segundo plano etc.

Para esta função, talvez o usuário que fizer esta operação de uma maneira mais arrojada, editando diretamente o arquivo genérico de recurso que se encontra no diretório /usr/X11R6/lib/X11/app-deaults/. Entretanto, caso escolha este método, é prudente que se faça uma cópia de backup do mesmo para as eventualidades.

Segue abaixo um exemplo do arquivo de recurso /usr/X11R6/lib/X11/app--deaults/XTerm :

```
! $XConsortium: XTerm.ad /main/35 1996/12/03 16:44:38 swick $
!
! $XFree86: xc/programs/xterm/XTerm.ad,v 3.1.2.2 1997/05/21 15:02:58 dawes Exp $

*SimpleMenu*BackingStore: NotUseful
*SimpleMenu*menuLabel.vertSpace:   100
```

```
*SimpleMenu*HorizontalMargins:    16
*SimpleMenu*Sme.height:    16


*SimpleMenu*Cursor: left_ptr
*mainMenu.Label:   Main Options
*mainMenu*securekbd*Label:   Secure Keyboard
*mainMenu*allowsends*Label:   Allow SendEvents
*mainMenu*logging*Label:   Log to File
*mainMenu*redraw*Label:   Redraw Window
*mainMenu*suspend*Label:   Send STOP Signal
*mainMenu*continue*Label:   Send CONT Signal
*mainMenu*interrupt*Label:   Send INT Signal
*mainMenu*hangup*Label:   Send HUP Signal
*mainMenu*terminate*Label:   Send TERM Signal
*mainMenu*kill*Label:   Send KILL Signal
*mainMenu*quit*Label:   Quit
*mainMenu*eightBit*Label: 8-Bit Controls


! Enable Colour by default.

*VT100*colorMode: on
*VT100*dynamicColors: on

!*VT100*colorBDMode:  on

*VT100*color0: black
*VT100*color1: red3
*VT100*color2: green3
*VT100*color3: yellow3
*VT100*colorUL: yellow
*VT100*colorBD: white
!This can be useful if you have an IntelliMouse.  It maps the  button
```

```
!events generated by the wheel
*VT100*translations:       #override \
  !Ctrl                    <Btn4Down>:   scroll-back(1,halfpage) \n\
  !Lock Ctrl               <Btn4Down>:   scroll-back(1,halfpage) \n\
  !Lock @Num_Lock Ctrl     <Btn4Down>:   scroll-back(1,halfpage) \n\
  ! @Num_Lock Ctrl         <Btn4Down>:   scroll-back(1,halfpage) \n\
                           <Btn4Down>:   scroll-back(5,line)     \n\
  !Ctrl                    <Btn5Down>:   scroll-forw(1,halfpage) \n\
  !Lock Ctrl               <Btn5Down>:   scroll-forw(1,halfpage) \n\
  !Lock @Num_Lock Ctrl     <Btn5Down>:   scroll-forw(1,halfpage) \n\
  ! @Num_Lock Ctrl         <Btn5Down>:   scroll-forw(1,halfpage) \n\
                           <Btn5Down>:   scroll-forw(5,line)
```

Para construção deste script, use o caracter exclamação "!" para comentar as linhas, o caractere asterisco "*" para iniciar uma linha de macro.

Outros comando similares ao xterm são o rxvt e o nxterm

A sintaxe básica para abrir o Xterm é:

```
%xterm -geometry tamanhoxlagura+X+Y -fn [ fonte ] -name
"Titulo" &
```

Você pode tirar proveito da tabela abaixo com os principais comandos para criar o Xterm:

-bg [color]	Para cor de fundo
-cr [color]	Para cor do cursor
-ls	Roda shell de login
-sb	Para barra de rolagem
-fn [nome_da_fonte]	Usa a fonte determinada
-display hotsname:0	Conecta a rede, o zero é local
-e program [argumentos]	Roda o programa determinado
-name " label "	Exibe o titulo da janela
-geometry [width]x[height]+X+Y	Exibe o tamanho da janela.

Parte IV

Adendo

Capítulo **10**

Introdução ao kernel

O kernel (núcleo) é o Linux propriamente dito. É o componente central de um sistema operacional. Seu desempenho determina o funcionamento fundamental do sistema operacional. Este funcionamento gravita em torno do gerenciamento de armazenagens de dados no sistema, execução de serviços solicitados pelo aplicativos e utilitários e diálogo com o shell. Estas atividade são chamadas de system call.

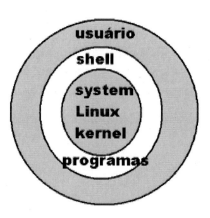

O kernel é o intermediador entre o sistema e o processador. Devido à capacidade multitarefa do kernel Linux, ele permite que o sistema rode múltiplos programas ao mesmo tempo sem que haja pânico no sistema. Isto acontece devido à capacidade do kernel de agendar tão perfeitamente os processos em curtíssimos intervalos de tempos que aparentemente supõe-se que a execução das tarefas são feitas ao mesmo tempo.

Manutenção do kernel Linux

O kernel Linux, por ser um programa bem construído, exige muito pouca manutenção após a primeira configuração. As requisições dos dispositivos instalados em seu sistema (placa de rede, som, dispositivos SCSI etc) variam conforme a configuração do computador após a instalação. Nem mesmo é necessária esta primeira configuração do kernel.

Apesar de estar em constante evolução, o kernel muda muito pouco ao longo de um ano. Ao contrário de outros sistemas operacionais comerciais, o Linux está sempre implementando novas adições ao kernel. Estas adições têm como escopo substituir drives de dispositivos, corrigir bugs, melhorar código de programação e outros mais.

A cada nova implementação significa que o seu sistema será mais dinâmico, estável e com mais memória disponível. Isto porque a cada nova manutenção menos drives são requeridos para os dispositivos funcionar satisfatoriamente no sistema.

Devido a estas vantagens de estar sempre atualizado, é viável sempre que possível no decorrer do ano visitar o site oficial do kernel e baixar uma versão mais atualizada ou simplesmente uma correção (patches). (http://www.kernel.org ou http://sunsite.unc.edu/pub/Linux/kernel).

As informações sobre a versão e status de implementações do kernel constam na nomenclatura usada no próprio pacote do kernel. A nomenclatura do pacote do kernel consta de três partes.

A primeira parte refere-se a versão propriamente do kernel

A segunda parte refere-se quanto à estabilidade da versão, mede o número de testes e a qualidade do kernel.

A terceira parte refere-se aos números, revisões e manutenções.

A exemplo seja:

   linux.X.Y-Z

O número equivalente a X é a versão atual. O número referente a Y quando for ímpar refere-se ao número de testes realizados e normalmente ainda se trata de uma versão instável, enquanto que quando número par refere-se à qualidade do kernel e significa que a versão é estável. Para o número equivalente ao Z, trata-se de quantidade de manutenções.

Como atualizar o kernel

A tarefa de reconstruir o kernel é uma atividade necessária para evolução do bom funcionamento do sistema. Á medida que este é atualizado, muitos drives desnecessários são eliminados do sistema, liberando espaço no disco rígido e memória para o sistema.

Ao iniciar o boot, a versão do kernel é exibida junto com outras informações importantes. Usando o comando uname a partir do prompt do shell o usuário terá o mesmo resultado quanto a versão atual do kernel em uso.

```
%uname -a
```

As versões atuais do kernel Linux estão disponíveis para download no site ftp://sunsite.unc.edu, no diretório /pub/Linux/kernel/. Estão empacotados com o programa tar e compactados com o programa gzip, por isso a terminação *.tar.gz.

Após baixar o arquivo mais recente para um diretório local no Linux, estamos prontos para compilar o programa.

Como corrigir erros do kernel

Pelo fato de o kernel Linux ser um programa bem feito e estável, não significa que o usuário poderá, por eventualidade, ter problemas com ele. Isto pode acontecer devido a muitos fatores. Um deles é incompatibilidade com novas versões de programas e algumas imperfeições de desenvolvimento.

Os novos recursos e correções de tais imperfeições são disponibilizados por Linus Torvalds em patches numerados. Estes patches usam o comando diff, evitando assim a duplicidade dos arquivos com versões diferentes. Os patches são instrumentos fundamentais para programadores em Linux.

Após baixar um kernel novo, o usuário poderá aplicar as correções mais recentes que a do próprio kernel. Conforme dito anteriormente, a terceira parte da numeração do kernel informa sobre o nível de correções.

No mesmo site (sunsite.unc.edu), no diretório da versão atualizada, se encontram os patches numerados. Conforme seja revisado, o patch recebe uma nova numeração. Escolha os números superiores ao do kernel em questão e instale no diretório local onde se localiza o kernel /usr/src. Procure baixar todos os arquivos patch#.gz do número atual do kernel até ao número que se quer atualizar.

Use o comando gzip associado ao comando patch para aplicar os novos patches no kernel:

```
%gzip -c patch#.gz   | patch -p0
```

Como compilar o kernel

Existem muitas razões para os usuários atualizarem, pelo menos anualmente, o kernel Linux. Nesta seção, trataremos de uma delas: a simplicidade como esta tarefa é feita. São necessárias seis etapas para isto (se o leitor quiser aprofundar um pouco mais sobre a compilação e programação em Linux, ele deve adquirir meu livro Linux Total que será publicado por esta mesma editora) :

1. executar o make meuconfig
2. rodar o make dep
3. rodar o make clean

4. executar o make zImage
5. instalar o lilo
6. reiniciar o sistema

O menuconfig é um cabaret interativo de seleções onde o usuário seleciona os drives que deverão ser instalados, de acordo com a configuração de sua máquina. Raramente alguém optaria por seu modo texto, o que não é uma opção inteligente. Para quem rodar o Linux em ambiente gráfico, porém, é a única solução para aqueles que ainda usam o Linux em modo texto.

A seguir, um roteiro retirado do livro "Introdução ao Linux: como configurar e instalar o Linux no PC" publicado por esta editora:

Abra um terminal shell e digite:

```
#cd /usr/src
#ls  -lsF
#rm -rf linux
```

A explicação para os passos acima é a seguinte: com o comando cd, o usuário moveu-se para o diretório do kernel; a seguir, visualizou o conteúdo do diretório com o comando lse e, por último, removeu o link para o kernel antigo.

O próximo passo é descompactar o pacote, como no exemplo a seguir:

```
#tar xvfz   linux-X.Y.Z.tar.gz
```

Agora, devemos refazer o que foi desfeito anteriormente. Devemos criar o link para o diretório do kernel novo. Para isso, siga os passo abaixo:

```
#ln -s linux-X.Y.Z   linux
#cd linux
```

O próximo passo é reconstruir o kernel. Para isso, abra o cabaret e selecione as opções conforme as exigências do computador. Após a seleção, salve o programa e saia:

```
#make menuconfig
```

Agora, digite esta seqüência de comandos:

```
#make dep
#make clean
```

Esta próxima opção será muito demorada. Digite o comando abaixo e saia para tomar um café ou fazer aquela ligação:

```
#make zImage
```

O kernel está compilado e pronto. Agora é preciso reconstruir o boot. Para isso, digite a linha de comando abaixo:

```
#cp /usr/src/linux/arch/i386/boot/zImage   /boot/vmlinux
```

Se houver mensagem de erro, refaça os passos anteriores. Caso contrário, estará sob penalidade de ter problemas quando reiniciar o computador. Se tudo ocorreu bem, digite a seqüência de comandos abaixo uma-a-um e ponto final.

```
#make zdisk
#make zlilo
#make modules
#make modules_install
#lilo
#init 6
```

Se ainda sim você não estiver satisfeito com o desempenho do kernel, instale os patches mais recente que o instalado no novo kernel.

Capítulo **11**

Editor Vi

O programa Vi é o mais famoso editor de texto ASCII do Unix. Em desuso, hoje em dia só é usado pelos saudosistas usuários, especialmente os Administradores de Sistemas nas Universidades.

O editor Vi é um poderoso editor de texto ASCII desenvolvido em Berkeley University California por Willian Joy, a partir do editor Unix Ed.

O seu modo de operação não é muito amigável a primeira vista. Muitos comandos precisam ser decorados antes de iniciar-se a construção com Vi.

O editor Vi trabalha em três modos:

- ◆ Modo de comando - executa apenas comandos Vi sem inserção ou deleção do texto.
- ◆ Modo de edição - permite que sejam inseridos caracteres no conteúdo do arquivo
- ◆ Modo linha - permite trabalhar com o editor de linhas.

Comandos do Linux

Para iniciar com o editor Vi, siga os seguintes passos iniciais a partir do prompt do shell:

```
$vi nome_do_arquivo
```

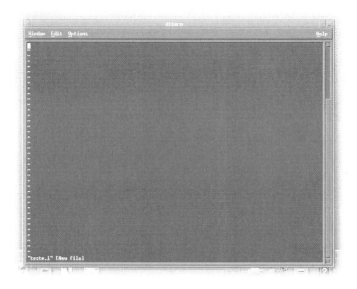

Para inserir caracteres, aperte a tecla ESC para entrar em modo de edição. Observe sempre as mensagens de diálogo do editor na parte inferior da tela.

Use os seguintes comandos para trabalhar com o texto:

MODO TEXTO

Subcomandos de inserção de texto:

- i   insere texto antes do cursor.
- r   insere texto no início da linha onde se encontra o cursor.
- a   insere texto depois do cursor.
- A   insere texto no fim da linha onde se encontra o cursor.
- o   adiciona linha abaixo da linha corrente.
- O   adiciona linha acima da linha corrente.

Ctrl + h	apaga último caractere.
Ctrl + w	apaga última palavra minúscula.
Esc	passa para o modo comando.

MODO COMANDO:

Subcomandos para movimentação pelo texto:

Ctrl+f	passa para a tela seguinte.
Ctrl+b	passa para a tela anterior.
H	move o cursor para a primeira linha da tela.
M	move o cursor para o meio da tela.
L	move o cursor para a última linha da tela.
h	move cursor para caracter a esquerda.
j	move cursor para linha abaixo.
k	move o cursor para linha acima.
l	move cursor para caracter a direita.
w	move cursor para início da próxima palavra (Ignora pontuação).
W	move cursor para início da próxima palavra (Não ignora pontuação).
b	move cursor para início da palavra anterior (Ignora pontuação).
B	move cursor para início da palavra anterior (Não ignora pontuação).
0 (zero)	move cursor para início da linha corrente.
^	move cursor para o primeiro caracter não branco da linha.
$	move cursor para o fim da linha corrente.
nG	move para a linha n.
G	move para a última linha do arquivo.

Subcomandos para localização de texto:

/palavra	procura pela palavra ou caracter acima ou abaixo do texto.
?palavra	move para a ocorrência anterior da palavra (para repetir a busca usar n).
n	repete o último / ou ? comando.
N	repete o último / ou ? comando na direção reversa.
Ctrl+g	mostra o nome do arquivo, o número da linha corrente e o total de linhas.

Subcomandos para alteração de texto:

x	deleta um caractere que está sobre o cursor.
dw	deleta a palavra, do inicio da posição do cursor ate o fim.
dd	deleta a linha inteira onde o cursor estiver.
D	deleta a linha a partir da posição do cursor em diante.
rx	substitui o caracter sob o cursor pelo especificado x (é opcional indicar o caracter).
Rtexto	substitui o texto corrente pelo texto indicado (opcional indicar o texto adicionado).
cw	substitui a palavra corrente. Pode-se inserir o novo conteúdo da palavra automaticamente.
cc	substitui a linha corrente. Pode-se inserir o novo conteúdo da linha automaticamente.
C	substitui o restante da linha corrente. Pode-se inserir o texto logo após o comando.
u	desfaz a última modificação.
U	desfaz todas as modificações feitas na linha (se o cursor não mudou de linha).
J	une a linha corrente a próxima.
s:/velho/novo	substitui a primeira ocorrência de "velho" por "novo".

Subcomandos para salvar o texto:

:wq	salva as mudanças feitas no arquivo e sai do editor.
:w	< nome-arq > salva o arquivo corrente com o nome especificado. Continua a edição normalmente.
:w!	< nome-arq > salva (de modo forçado) o arquivo corrente no arquivo especificado.
:q	sai do editor. Se mudanças não foram salvas é apresentada mensagem de advertência.
:q!	sai do editor sem salvar as mudanças realizadas.

Apêndice **A**

Tabela ASCII

Caracteres octais

000 nul	020 dle	040 sp	060 0	100 @	120 P	140 `	160 p
001 soh	021 dc1	041 !	061 1	101 A	121 Q	141 a	161 q
002 stx	022 dc2	042 "	062 2	102 B	122 R	142 b	162 r
003 etx	023 dc3	043 #	063 3	103 C	123 S	143 c	163 s
004 eot	024 dc4	044 $	064 4	104 D	124 T	144 d	164 t
005 enq	025 nak	045 %	065 5	105 E	125 U	145 e	165 u
006 ack	026 syn	046 &	066 6	106 F	126 V	146 f	166 v
007 bel	027 etb	047 '	067 7	107 G	127 W	147 g	167 w
010 bs	030 can	050 (	070 8	110 H	130 X	150 h	170 x
011 ht	031 em	051)	071 9	111 I	131 Y	151 i	171 y
012 nl	032 sub	052 *	072 :	112 J	132 Z	152 j	172 z
013 vt	033 esc	053 +	073 ;	113 K	133 [	153 k	173 {
014 np	034 fs	054 ,	074 <	114 L	134 \	154 l	174 |
015 cr	035 gs	055 -	075 =	115 M	135]	155 m	175 }
016 so	036 rs	056 .	076 >	116 N	136 ^	156 n	176 ~
017 si	037 us	057 /	077 ?	117 O	137 _	157 o	177 del

Caracteres hexadecimais

00 nul	10 dle	20 sp	30 0	40 @	50 P	60 `	70 p
01 soh	11 dc1	21 !	31 1	41 A	51 Q	61 a	71 q
02 stx	12 dc2	22 "	32 2	42 B	52 R	62 b	72 r
03 etx	13 dc3	23 #	33 3	43 C	53 S	63 c	73 s
04 eot	14 dc4	24 $	34 4	44 D	54 T	64 d	74 t
05 enq	15 nak	25 %	35 5	45 E	55 U	65 e	75 u
06 ack	16 syn	26 &	36 6	46 F	56 V	66 f	76 v
07 bel	17 etb	27 '	37 7	47 G	57 W	67 g	77 w
08 bs	18 can	28 (	38 8	48 H	58 X	68 h	78 x
09 ht	19 em	29)	39 9	49 I	59 Y	69 i	79 y
0a nl	1a sub	2a *	3a :	4a J	5a Z	6a j	7a z
0b vt	1b esc	2b +	3b ;	4b K	5b [	6b k	7b {
0c np	1c fs	2c ,	3c <	4c L	5c \	6c l	7c |
0d cr	1d gs	2d -	3d =	4d M	5d]	6d m	7d }
0e so	1e rs	2e .	3e >	4e N	5e ^	6e n	7e ~
0f si	1f us	2f /	3f ?	4f O	5f _	6f o	7f del

Caracteres decimais:

0 nul	16 dle	32 sp	48 0	64 @	80 P	96 `	112 p
1 soh	17 dc1	33 !	49 1	65 A	81 Q	97 a	113 q
2 stx	18 dc2	34 "	50 2	66 B	82 R	98 b	114 r
3 etx	19 dc3	35 #	51 3	67 C	83 S	99 c	115 s
4 eot	20 dc4	36 $	52 4	68 D	84 T	100 d	116 t
5 enq	21 nak	37 %	53 5	69 E	85 U	101 e	117 u
6 ack	22 syn	38 &	54 6	70 F	86 V	102 f	118 v
7 bel	23 etb	39 '	55 7	71 G	87 W	103 g	119 w
8 bs	24 can	40 (	56 8	72 H	88 X	104 h	120 x
9 ht	25 em	41)	57 9	73 I	89 Y	105 i	121 y
10 nl	26 sub	42 *	58 :	74 J	90 Z	106 j	122 z
11 vt	27 esc	43 +	59 ;	75 K	91 [	107 k	123 {
12 np	28 fs	44 ,	60 <	76 L	92 \	108 l	124 |
13 cr	29 gs	45 -	61 =	77 M	93]	109 m	125 }
14 so	30 rs	46 .	62 >	78 N	94 ^	110 n	126 ~
15 si	31 us	47 /	63 ?	79 O	95 _	111 o	127 del

Apêndice **B**

GNU General Public License

This is an unofficial translation of the GNU General Public License into Portuguese. It was not published by the Free Software Foundation, and does not legally state the distribution terms for software that uses the GNU GPL — only the original English text of the GNU GPL does that. However, we hope that this translation will help Portuguese speakers understand the GNU GPL better.

Copyright (C) 1989, 1991 Free Software Foundation, Inc. 675 Mass Ave,

Cambridge, MA 02139, USA

É permitido a qualquer pessoa copiar e distribuir cópias tal desse documento de licença, sem a implementação de qualquer mudança.

F.3.1 Introdução

As licenças de muitos softwares são desenvolvidas para cercear a liberdade de uso, compartilhamento e mudanças. A GNU Licença Pública Geral, ao contrário, pretende garantir a liberdade de compartilhar e alterar softwares de livre distribuição — tornando-os de livre distribuição também para quaisquer usuários. A Licença Pública Geral aplica-se à maioria dos softwares da Free Software Foundation e a qualquer autor que esteja de acordo em utilizá-la (alguns softwares da FSF são cobertos pela GNU Library General Public License).

Quando nos referimos a softwares de livre distribuição, referimo-nos à liberdade e não ao preço. Nossa Licença Pública Geral foi criada para garantir a liberdade de distribuição de cópias de softwares de livre distribuição (e cobrar por isso, caso seja do interesse do distribuidor), o qual recebeu os códigos-fonte, e que pode ser alterado ou utilizado em parte em novos programas. Para assegurar os direitos dos desenvolvedores, algumas restrições são feitas, proibindo a todas as pessoas a negação desses direitos ou a solicitação de sua abdicação. Essas restrições aplicam-se ainda a certas responsabilidades sobre a distribuição ou modificação do software.

Por exemplo, ao se distribuir cópias de determinado programa, por uma taxa determinada ou gratuitamente, deve-se informar sobre todos os direitos incidentes sobre esse programa, assegurando-se que as fontes estejam disponíveis, assim como a Licença Pública Geral GNU.

A proteção dos direitos envolve dois passos: (1) copyright do software e (2) licença que dá permissão legal para cópia, distribuição e/ou modificação do software.

Ainda para a proteção da FSF e do autor é importante que todos entendam que não há garantias para softwares de livre distribuição. Caso o software seja modificado por alguém e passado adiante, este software não mais refletirá o trabalho original do autor, não podendo, portanto, ser garantido por aquele. Finalmente, qualquer programa de livre distribuição é constantemente ameaçado pelas patentes de softwares. Buscamos evitar o perigo de que distribuidores desses programas obtenham patentes individuais, tornado-se seus donos efetivos. Para evitar isso, foram feitas declarações expressas de que qualquer solicitação de patente deve ser feita permitindo o uso por qualquer indivíduo, sem a necessidade de licença de uso. Os termos e condições precisas para cópia, distribuição e modificação seguem abaixo:

F.3.2 Licença Pública Geral GNU

TERMOS E CONDIÇÕES PARA CÓPIA, DISTRIBUIÇÃO E MODIFICAÇÃO

0

Esta licença se aplica a qualquer programa ou outro trabalho que contenha um aviso colocado pelo detentor dos direitos autorais informando que aquele poderá ser distribuído nas condições da Licença Pública Geral. O Programa abaixo refere-se a qualquer software ou trabalho e a um trabalho baseado em um Programa, e significa tanto o Programa em si como quaisquer trabalhos derivados de acordo com a lei de direitos autorais, o que significa dizer um trabalho que contenha o Programa ou uma parte deste, na sua forma original ou com modificações, ou traduzido para uma outra língua (a tradução está incluída sem limitações no termo modificação).

Atividades distintas de cópia, distribuição e modificação não estão cobertas por esta Licença, estando fora de seu escopo. O ato de executar o Programa não está restrito e a saída do Programa é coberta somente caso seu conteúdo contenha trabalhos baseados no Programa (independentemente de terem sidos gerados pela execução do Programa). Se isso é verdadeiro, depende das funções executadas pelo Programa.

1

O código-fonte do Programa, da forma como foi recebido, pode ser copiado e distribuído, em qualquer mídia, desde que seja fornecido um aviso adequado sobre os copyrights e a negação de garantias, e todos os avisos que se referem à Licença Pública Geral e à ausência de garantias estejam inalterados, e que quaisquer produtos oriundos do Programa estejam acompanhados desta Licença Pública Geral.

É permitida a cobrança de taxas pelo ato físico de transferência ou gravação de cópias, e podem ser dadas garantias e suporte em troca da cobrança de valores.

2

Pode-se modificar a cópia ou cópias do Programa de qualquer forma que se deseje, ou ainda criar-se um trabalho baseado no Programa, e copiar e distribuir tais modificações sob os termos da seção 1 acima e do seguinte:

1. Deve existir aviso em destaque de que os dados originais foram alterados nos arquivos e as datas das mudanças;

2. Deve existir aviso de que o trabalho distribuído ou publicado é, de forma total ou em parte, derivado do Programa ou de alguma parte sua, e que pode ser licenciado totalmente sem custos para terceiros sob os termos desta Licença.

3. Caso o Programa modificado seja executado de forma interativa, é obrigatório, no início de sua execução, apresentar a informação de copyright e da ausência de garantias (ou de que a garantia corre por conta de terceiros), e que os usuários podem redistribuir o Programa sob estas condições, indicando ao usuário como acessar esta Licença na sua íntegra.

Esses requisitos aplicam-se a trabalhos de modificação em geral. Caso algumas seções identificáveis não sejam derivadas do Programa, e possam ser consideradas como partes independentes, então esta Licença e seus Termos não se aplicam àquelas seções quando distribuídas separadamente. Porém, ao distribuir aquelas seções como parte de um trabalho baseado no Programa, a distribuição como um todo deve conter os termos desta Licença, cujas permissões estendem-se ao trabalho como um todo, e portanto a cada uma das partes independentemente de quem as tenha desenvolvido.

Mais do que tencionar contestar os direitos sobre o trabalho desenvolvido por alguém, esta seção objetiva propiciar a correta distribuição de trabalhos derivados do Programa.

Além disso, a mera adição de outro trabalho ao Programa, porém não baseado nele nem em um trabalho baseado nele, a um volume de armazenamento ou mídia de distribuição, não obriga a utilização desta Licença e de seus termos no trabalho.

3

São permitidas a cópia e a distribuição do Programa (ou a um trabalho baseado neste) na forma de código-objeto ou executável de acordo com os termos das Seções 1 e 2 acima, desde que atendido o seguinte:

- a) Esteja acompanhado dos códigos-fonte legíveis, os quais devem ser distribuídos na forma da Seções 1 e 2 acima, em mídia normalmente utilizada para manuseio de softwares; ou
- b) Esteja acompanhado de oferta escrita, válida por, no mínimo, 3 anos, para disponibilizar a terceiros, por um custo não superior ao custo do meio físico de armazenamento, uma cópia completa dos códigos-fonte em meio magnético, de acordo com as Seções 1 e 2 acima.
- c) Esteja acompanhada da mesma informação recebida em relação à oferta da distribuição do código-fonte correspondente. (Esta alternativa somente é permitida para distribuições não comerciais e somente se o programa recebido na forma de objeto ou executável tenha tal oferta, de acordo com a Subseção b acima).

O código-fonte de um trabalho é a melhor forma de produzirem-se alterações naquele trabalho. Códigos-fonte completos significam todas as fontes de todos os módulos, além das definições de interfaces associadas, arquivos, scripts utilizados na compilação e instalação do executável. Como uma exceção especial, o código-fonte distribuído poderá não incluir alguns componentes que não se encontrem em seu escopo, tais como compilador, kernel, etc. para o SO onde o trabalho seja executado.

Caso a distribuição do executável ou objeto seja feita através de acesso a um determinado ponto, então oferta equivalente de acesso deve ser feita aos códigos-fonte, mesmo que terceiros não sejam obrigados a copiarem as fontes juntos com os objetos simultaneamente.

4

Não é permitida a cópia, modificação, sublicenciamento ou distribuição do Programa, exceto sob as condições expressas nesta Licença. Qualquer tentativa de cópia, modificação, sublicenciamento ou distribuição do Programa é proibida, e os direitos descritos nesta Licença cessarão imediatamente. Terceiros que tenham recebido cópias ou direitos na forma desta Licença não terão seus direitos cessados desde que permaneçam dentro das cláusulas desta Licença.

5

Não é necessária a aceitação formal desta Licença, embora não haja documento ou contrato que garanta permissão de modificação ou distribuição do Programa ou de seus trabalhos derivados. Essas ações são proibidas por lei, caso não se aceitem as condições desta Licença. A modificação ou distribuição do Programa ou de qualquer trabalho baseado neste implica na aceitação desta Licença e de todos os termos desta para cópia, distribuição ou modificação do Programa ou de trabalhos baseados neste.

6

Cada vez que o Programa seja distribuído (ou qualquer trabalho baseado neste), o recipiente automaticamente recebe uma licença do detentor original dos direitos de cópia, distribuição ou modificação do Programa objeto destes termos e condições. Não podem ser impostas outras restrições aos recipientes.

7

No caso de decisões judiciais ou alegações de uso indevido de patentes ou direitos autorais ou por qualquer outra razão (não restrita a assuntos de patente), restrições sejam impostas (seja por ordem judicial, acordo ou outros) que contradigam esta Licença, estes não isentam da sua aplicação. Caso não seja possível distribuir o Programa de forma a garantir simultaneamente as obrigações desta Licença e outras que sejam necessárias, então o Programa não poderá ser distribuído. Caso esta Seção seja considerada inválida por qualquer motivo particular ou geral, o seu resultado implicará na invalidação geral desta Licença na cópia, modificação, sublicenciamento ou distribuição do Programa ou de trabalhos baseados neste.

O propósito desta Seção não é, de forma alguma, incitar quem quer que seja a infringir direitos reclamados em questões válidas e procedentes, e sim proteger as premissas do sistema de livre distribuição de software. Muitas pessoas têm feito contribuições generosas ao sistema na forma de programas, e é necessário garantir a consistência e credibilidade do sistema, cabendo a estes e não a terceiros decidirem a forma de distribuição dos softwares.

Esta Seção pretende tornar claros os motivos que geraram as demais cláusulas desta Licença.

8

Caso a distribuição do Programa dentro dos termos desta Licença tenha restrições em algum país, quer por patentes ou direitos autorais, o detentor original dos direitos autorais do Programa sob esta Licença pode adicionar explicitamente limitações geográficas de distribuição excluindo aqueles países, fazendo com que a distribuição somente seja possível nos países não excluídos.

9

A Fundação de Software de Livre Distribuição (FSF - Free Software Foundation) pode publicar versões revisadas ou novas versões desta Licença Pública Geral de tempos em tempos. Essas novas versões manterão os mesmos objetivos e o espírito da presente versão, podendo variar em detalhes referentes a novas situações encontradas.

A cada versão é dada um número distinto. Caso o Programa especifique um número de versão desta Licença a qual tenha em seu conteúdo a expressão "ou versão mais atualizada", é possível optar pelas condições daquela versão ou de qualquer versão mais atualizada publicada pela FSF.

10

Caso se deseje incorporar parte do Programa a outros programas de livre distribuição de software, é necessária autorização formal do autor. Para softwares dos quais a FSF detenha os direitos autorais, podem ser abertas exceções desde que mantido o espírito e objetivos originais desta Licença.

11

AUSÊNCIA DE GARANTIAS

UMA VEZ QUE O PROGRAMA É LICENCIADO SEM ÔNUS, NÃO HÁ QUALQUER GARANTIA PARA O PROGRAMA. EXCETO QUANDO TERCEIROS EXPRESSEM-SE FORMALMENTE, O PROGRAMA É DISPONIBILIZADO EM SEU FORMATO ORIGINAL, SEM GARANTIAS DE QUALQUER NATUREZA, EXPRESSAS OU IMPLÍCITAS, INCLUINDO MAS NÃO LIMITADAS A GARANTIAS COMERCIAIS E DO ATENDIMENTO DE DETERMINADO FIM. A QUALIDADE E A PERFORMANCE SÃO DE RISCO EXCLUSIVO DOS USUÁRIOS, CORRENDO POR SUAS CONTA OS CUSTOS NECESSÁRIOS A EVENTUAIS ALTERAÇÕES, CORREÇÕES E REPAROS JULGADOS NECESSÁRIOS.

EM NENHUMA OCASIÃO, A MENOS QUE REQUERIDO POR DECISÃO JUDICIAL OU POR LIVRE VONTADE, O AUTOR OU TERCEIROS QUE TENHAM MODIFICADO O PROGRAMA SERÃO RESPONSÁVEIS POR DANOS OU PREJUÍZOS PROVENIENTES DO USO OU DA FALTA DE HABILIDADE NA SUA UTILIZAÇÃO (INCLUINDO MAS NÃO LIMITADA À PERDA DE DADOS OU DADOS ERRÔNEOS), MESMO QUE TENHA SIDO EMITIDO AVISO DE POSSÍVEIS ERROS OU DANOS.

FIM DA LICENÇA

F.3.3 Apêndice

Como aplicar estes termos a novos softwares?

Caso se tenha desenvolvido um novo programa e se deseje a sua ampla distribuição para o público, a melhor forma de consegui-lo é torná-lo um software de livre distribuição, o qual qualquer um possa distribuí-lo nas condições desta Licença.

Para tanto, basta anexar este aviso ao programa. É aconselhável indicar ainda no início de cada arquivo-fonte a ausência de garantias e um apontamento para um arquivo contendo o texto geral desta Licença, como por exemplo:

```
<nome do programa e função Copyright (C) 199X <Autor
```

Este programa é um software de livre distribuição, que pode ser copiado e distribuído sob os termos da Licença Pública Geral GNU, conforme publicada pela Free Software Foundation, versão 2 da Licença ou (a critério do autor) qualquer versão posterior.

Este programa é distribuído na expectativa de ser útil aos seus usuários, porém NÃO TEM NENHUMA GARANTIA, EXPLÍCITA OU IMPLÍCITA, COMERCIAL OU DE ATENDIMENTO A UMA DETERMINADA FINALIDADE. Consulte a Licença Pública Geral GNU para maiores detalhes.

Deve haver uma cópia da Licença Pública Geral GNU junto com este software em inglês ou português. Caso não haja, escreva para Free Software Foundation, Inc., 675 Mass Ave, Cambridge, MA 02139, USA.

Autor@mail.com.br

Endereço

Caso o programa seja interativo, apresente na sua saída um breve aviso quando de seu início, como por exemplo:

Gnomovision versão 69, Copyright ©199a Yoyodine

Softwares NÃO POSSUEM NENHUMA GARANTIA; para detalhes, digite mostre garantia. Este é um software de livre distribuição e você está autorizado a distribui-lo dentro de certas condições. Digite mostre condição para maiores detalhes.

Os comandos hipotéticos mostre garantia e mostre condição apresentarão as partes apropriadas da Licença Pública Geral GNU. Evidentemente, os comandos podem variar ou serem acionado por outras interfaces, como clique de mouse, etc.

Apêndice **C**

Endereços úteis

Observe a seguir alguns grupos nacionais bem organizados que discutem os avanços do sistema operacional Linux e que oferecem informações, listas, tutoriais, dicas, softwares etc.

Visite todos e se inscreva em alguns. Não deixe de visitar os sites http:www.fis.unb.br/jario e http://www.jario.cjb.net .

Notícias:

http://www.revistalinux.com.br   - Revista Linux Brasileira

http://www.linuxtoday.com   - Linux Today
http://www.lwn.net   - Linux Weekly News
http://www.linuxjournal.com   - Revista Linux Jornal

http://www.linuxgazette.com   - Revista eletrônica do Linux

Distribuições:

http://www.redhat.com   - Distribuição RedHat

http://www.slackware.com   - Distribuição Slackware

http://www.suse.com   - Distribuição SuSe

http://www.calderasystems.com   - Distribuição Caldera Open Linux

http://www.debian.org   - Distribuição Debian

http://www.linux-mandrake.com   - Distribuição Mandrake
http://www.linuxppc.org   - Distribuição para Power PC
http://www.mklinux.apple.com   - Distribuição para Macintosh
http://www.pht.com   - Distribuição Turbo Linux
http://www.conectiva.com.br/   - Distribuição Red Hat no Brasil
http://www.imaclinux.net:8080   - Para usuários iMac/iBook e G3/G4
http://www.linuxone.net/   - Chamada de Linux para novatos

Aplicações

http://www.linuxhouse.com	-Componentes hardware e software
http://www.linux.davecentral.com	-Contém várias aplicações para o Linux
http://www.linuxtune.com	-Dicas para otimizar o Linux
http://www.linuxdev.net	-Site para desenvolvedores Open Source
http://www.linuxresources.com	-Site com muitos recursos para o Linux
http://metalab.unc.edu e pági-	-Site com informações, aplicações na com ótimos aplicativos
http://www.apache.org	-Site do Apache Web Server
http://technet.oracle.com	- Oracle para o Linux
http://linux.corel.com	- Página do Corel para Linux
http://www.winehq.com	- Programas Windows para Linux
http://www.mozilla.org	- Página do Projeto Mozilla
http://www.applix.com	- ApplixWare - Um office para Linux
http://www.stardivision.com para	- StarOffice, outro excelente Office Linux
http://www.magicstats.com gra-	- Ferramenta para estatísticas Web tuita
http://www.linuxberg.com.br/ apli-	- Página com muitas informações e cações
http://www.multimedia4linux.de/	- Multimídia no Linux

Informações:

http://www.linux.com	- Portal central do Linux
http://www.linux.org	- Página central do Linux
http://www.ext2.org	- Ótimas informações sobre o Linux

Apêndice C - Endereços úteis |151

http://www.linuxpowered.com - Página com muito material sobre Linux
http://www.uk.linux.org — - Página mantida por Alan Cox
http://linuxpower.org — - Página com notícias do Linux
http://linuxkb.cheek.com/ — - Base de conhecimentos do Linux
http://ldp-br.conectiva.com.br/ — - Projeto de documentação do Linux
http://www.linux.brasileiro.net - Informações sobre Linux no Brasil
http://www.linuxplanet.com — - Aplicações e muitas informações
http://www.penguinservices.com/ — - Muitos recursos para Linux

Interfaces Gráficas:

http://www.afterstep.org — - Página do Afterstep
http://www.windowmaker.org - Página do WindowMaker

http://www.enlightment.org — - Página do Enlightment
http://www.gnome.org — - Página do Projeto Gnome
http://www.kde.org — - Página do KDE

Apêndice **D**

O pingüim como símbolo do Linux

Por Linus Torvalds

Somebody had a logo competition announcement, maybe people can send their ideas to a web-site..

Anyway, this one looks like the poor penguin is not really strong enough to hold up the world, and it's going to get squashed. Not a good, positive logo, in that respect..

Now, when you think about penguins, first take a deep calming breath, and then think "cuddly". Take another breath, and think "cute". Go back to "cuddly" for a while (and go on breathing), then think "contented".

With me so far? Good..

Now, with penguins, (cuddly such), "contented" means it has either just gotten laid, or it's stuffed on herring. Take it from me, I'm an expert on penguins, those are really the only two options.

Now, working on that angle, we don't really want to be associated with a randy penguin (well, we do, but it's not politic, so we won't), so we should be looking at the "stuffed to its brim with herring" angle here.

So when you think "penguin", you should be imagining a slighly overweight penguin (*), sitting down after having gorged itself, and having just burped. It's sitting there with a beatific smile - the world is a good place to be when you have just eaten a few gallons of raw fish and you can feel another "burp" coming.

(*) Not FAT, but you should be able to see that it's sitting down because it's really too stuffed to stand up. Think "bean bag" here.

Now, if you have problems associating yourself with something that gets off by eating raw fish, think "chocolate" or something, but you get the idea.

Ok, so we should be thinking of a lovable, cuddly, stuffed penguin sitting down after having gorged itself on herring. Still with me?

NOW comes the hard part. With this image firmly etched on your eyeballs, you then scetch a stylizied version of it. Not a lot of detail - just a black brush-type outline (you know the effect you get with a brush where the thickness of the line varies). THAT requires talent. Give people the outline, and they should say [sickly sweet voice, babytalk almost]"Ooh, what a cuddly penguin, I bet he is just _stuffed_ with herring", and small children will jump up and down and scream "mommy mommy, can I have one too?".

Then we can do a larger version with some more detail (maybe leaning against a globe of the world, but I don't think we really want to give any "macho penguin" image here about Atlas or anything). That more detailed version can spank billy-boy to tears for all I care, or play ice-hockey with the FreeBSD demon. But the simple, single penguin would be the logo, and the others would just be that cuddly penguin being used as an actor in some tableau.

Linus

Fonte: http://www.linux.org/info/penguin.html

Impressão e acabamento
Gráfica da Editora Ciência Moderna Ltda.
Tel: (21) 2201-6662